너 때문에 내일 회사 가기 싫어!

너 때문에 내일
회사 가기 싫어!

이남석 지음

사□계절

제1부 나쁜 놈들이 더 성공하는 시대

제2부 다크 테트라드의 변종 나쁜 놈들

8장 단품형 나쁜 놈

9장 다크 테트라드와 상관없이 그냥 나쁜 놈

여러분이 이 책에서 만날 나쁜 놈들 리스트이다. 당장은 어떤 놈을 말하는 건지
알기 어려울 것이다. 우선 책을 읽어 나가면서 한 놈씩 파 보는 거다.
그리고 내 옆에서 나를 괴롭히는 나쁜 놈은 어느 유형인지도 파악해 보자.
그 뒤엔, 대처 방안을 실행하여 조금 더 나은 직장생활을 할 수 있게 노력해 보자.
건투를 빈다!

순도 100% 나쁜 놈

- **마키아벨리안:** 오로지 자신의 이익을 위해 다른 사람들을 착취하고,
  속이고, 조작해서 목적을 달성하려는 나쁜 놈

- **나르시시스트:** 실제보다 더 '과장되게' 자기가 뛰어나다고 믿고 자기
  에 대한 착각, 망상에 빠진 나쁜 놈

- **사이코패스:** 반사회적 행동을 즐기고, 공감 능력과 양심, 죄책감이 없
  으며, 두려움 같은 감정을 느끼지 않아 대담하고, 욕구를 억제하지 못
  하는 나쁜 놈

- **사디스트:** 다른 사람에게 육체적, 정신적 고통을 주고 그 고통스러워
  하는 모습을 보며 쾌락을 느끼는 나쁜 놈

마구 섞인 변종 나쁜 놈

- **착나나:** 지가 착한 줄 알면서 나쁜 짓만 골라 하는 나쁜 놈
- **더 고약한 착나나:** 지가 착한 줄 알면서 고약한 짓만 하는 나쁜 놈
- **최악의 착나나:** 지가 착한 줄 알면서 최악의 나쁜 짓만 일삼는 나쁜 놈
- **나권사:** 나르시시즘과 권위적 사디즘이 섞인 나쁜 놈

- **나권싸**: 나권사에 사이코패시 성향이 추가된 나쁜 놈
- **나정나**: '나쁜' 정치를 하는 나쁜 놈
- **나정사**: 나정나에 사이코패시 성향이 더해진 나쁜 놈
- **직예나**: 직장에서 예술하는 나쁜 놈
- **남지실**: 남의 지시를 받기 싫어하는 나쁜 놈
- **남시나사**: 남에게 시키기만 해서 나사로 숨구멍을 조이는 나쁜 놈
- **약속마나**: 약속은 하나 마나인 나쁜 놈
- **최방나**: 최종 순간에 방향을 바꾸는 나쁜 놈

근본 없이 나쁜 놈

- **앞잡이**: 나쁜 놈 옆의 나쁜 놈
- 생각만 진보적인 꼰대 나쁜 놈
- 회사의 모든 책임을 지고 있는 듯한 나쁜 놈
- 책임지지 않으려는 나쁜 놈
- 책임지지 못할 일을 마구 벌이는 나쁜 놈

제1부

나쁜 놈들이 더 ―

성공하는 시대

나쁜 놈 사총사: 다크 테트라드

마키아벨리안
나르시시스트
사이코패스
사디스트

나의 행복을 짓밟는 나쁜 놈들

'나쁜' 놈은 자기 행복을 위해 여러분의 행복을 짓밟는 놈이다. 자기 이익을 위해 여러분의 이익을 아무렇지도 않게 빼앗는 놈이다. 더 화나는 게 있다. 나쁜 놈들이 보기에는 짓밟히지 않으려고 버둥거리고, 빼앗기지 않으려고 발버둥 치는 여러분이 참으로 성가신 '나쁜' 사람이다.

"왜 나를 누굴 미워하는 나쁜 놈으로 만들어?"

이렇게 말하는 나쁜 놈도 있다. 아, 속 터진다. 적반하장도 유분수지. 여러분이야말로 왜 이런 나쁜 놈에게 걸려서 증오의 감정을 가져야 하나, 자괴감에 스트레스를 받고 있지 않는가. 그래도 여러분은 당사자 앞에서 말하지 못하는데, 나쁜 놈은 시원하게 말도 잘한다.

'나쁜' 놈들은 눈치 보지 않고 '자기답게' 산다. 여러분도 '자기답게' 살고 싶다. 1인칭으로 '자기답게' 사는 것의 싸움. 나쁜 놈과의 싸움은 절대적인 도덕적 가치, 선악의 싸움이 아니다. 이렇게 생각해야만 전환점을 맞을 수 있다. 링 위에서 선수로 뛰어야 하는 사람이 해설가의 입장에서 자기에게 쏟아지는 주먹을 평가하고 있으면 안 되니까.

'법을 어기고 범죄를 저지른 나쁜 놈'은 감옥에 자주 출현한다. 하지만 '여러분이 상대하는 나쁜 놈'은 일상 속 자기다움의 싸움터에 더 많이 출몰한다. 그 싸움터에서 제대로 싸우려면 나쁜

놈들의 '자기다움'부터 이해할 필요가 있다. 자기다움, 즉 고유의
특성!

나쁜 놈들의 전성시대

심리학에서는 사람의 성격을 연구한다. 왜? 초기 성격 심리학자
인 고든 올포트Gordon W. Allport의 주장처럼 '성격은 외부 자극에 대
한 안정적인 반응 패턴'이니까. 즉 성격을 알면 다양한 상황에 대
한 그 사람의 감정 반응, 인지 반응, 행동 반응을 예측할 수 있다.
눈에 보이는 것에서부터 보이지 않는 것까지 예측할 수 있으면
그에 맞는 처방을 내릴 수 있다.

심리학에 따르면 나쁜 놈은 네 가지로 나눌 수 있다. 이름하
여 다크 테트라드dark tetrad, 즉 어둠의 사총사이다.

몇 년 전까지만 해도 심리학에서 나쁜 놈들은 크게 마키아
벨리안, 나르시시스트, 사이코패스, 이렇게 삼총사로 나눴다. 하
지만 나쁜 놈들의 전성시대가 계속되고, 기존 삼총사로는 설명이
다 안 되니 최근 연구를 통해 사디스트가 추가되었다.

나쁜 놈들 중에는 네 가지 중 어느 하나의 성향만 가진 놈도
있고, 두 가지를 가진 놈도 있고, 삼종 세트를 갖춘 놈도 있고, 네
가지 모두를 갖고 신나게 나쁜 짓 하는 놈도 있다. 또 몇 가지가
화학 반응을 일으켜 변종이 된 나쁜 놈도 있다. 기본형이든 결합

형이든 변종이든 일단 네 가지 성격을 이해해야 대처할 수 있다.

마키아벨리안machiavellian은 마키아벨리즘을 가진 사람이다. 심리학에서 마키아벨리즘은 '오로지 자기 자신의 이익과 관심사를 위해 다른 사람들을 착취하고, 속이고, 조작해서 개인의 목적을 달성하려는 성향'이다. 마키아벨리즘의 핵심 단어는 '자기 이익'을 위한 '조작'과 '착취'이다. 그래서 마키아벨리안을 사기꾼 혹은 모사꾼으로 번역하기도 한다. 정당한 노력으로 목표를 이루는 게 아니라, 다른 사람을 조종하고 그들의 노력을 착취해서 성공하려는 게 바로 마키아벨리안의 핵심 특성이다.

"이것은 기획부터 실현까지 제 모든 것을 갈아 넣어 만든 것입니다."

팀원에게는 회사의 발전과 개인의 커리어 개발을 위해서 새로운 프로젝트에 적극적으로 참여하자고 말하고는, 상부에는 모두 자기 공로인 것처럼 보고하는 팀장. 이런 나쁜 놈은 마키아벨리안이다. 마키아벨리안이 갈아 넣는 것은 자기 자신이 아니라 다른 사람의 노동력, 시간, 돈이다. 마키아벨리안은 다른 사람을 자기 목적을 이루기 위한 '수단'으로 본다.

꽤 많은 자기 계발서나 리더십 책에서 마키아벨리즘을 오히려 긍정적으로, 효과적인 처세 전략인 것처럼 이야기한다. 나르시시즘과 사이코패시를 긍정적으로 소개하는 책은 많지 않은데 말이다. 있어도 제한 요소를 많이 덧붙여서 '건강한 나르시시스트'와 '성공한 사이코패스'의 사례를 들며 설명하지, 마키아벨리즘처럼 훤히 문제가 되는 요소를 장점이라고 소개하는 식은 아니다. 그래서 직장에는 당당한 마키아벨리안 유형의 나쁜 놈이 많다. 한국 직장인에게 나쁜 놈을 꼽으라고 하면 질은 둘째치고 일단 양으로 가장 많은 유형이 마키아벨리안이다.

나르시시스트narcissist는 나르시시즘narcissism에 걸린 사람이다. 나르시시즘이란 용어는 고대 그리스 신화에 나오는 나르키소스Narcissus에서 유래했다. 나르키소스는 세상 그 어떤 대상보다도 '자신'을 너무 사랑해 물에 빠져 죽은 미남이다.

"자기에 대한 사랑? 그게 뭐가 문제지?"

이렇게 생각할 수 있다. 맞다. 원칙적으로 보면, 자기를 사랑하는 것은 나쁘지 않다. 심리학자들도 행복하려면 자기 자신부터 사랑하라고 지속적으로 이야기한다.

나르시시즘이 문제인 이유는 외모, 재산, 배경, 능력 등 다양한 이유를 들어서 실제보다 더 '과장되게' 자기가 뛰어나다고 믿기 때문이다. 즉 순수한 자기애가 아니라 자기에 대한 착각, 망상이다.

나르시시즘에 빠지면 남들보다 더 뛰어난 자신이 더 많은 관심을 받는 것은 당연하다고 생각한다. 심지어 관심이 쏟아지지 않으면, 관심이 쏟아지게 행동한다. 거짓으로 성과를 포장하든, 부정적으로 사고를 치든, 허영을 부리든.

사이코패스가 자기의 욕망을 위해 거짓말을 하고, 팀워크를 깨는 반사회적 사건을 일으킨다면, 나르시시스트는 다른 사람의 관심과 인정을 받기 위해 거짓말을 하고 사고를 친다. 같은 거짓말과 사건이라 해도 동기와 전개 양상이 다르다.

사회적 파장을 생각하지 않고 불미스러운 일을 벌이고 떳떳하게 활동하는 유명인, 세상의 중심인 자신은 세상이 정한 규범과 다르게 행동해도 된다고 생각하는 정치인, 안하무인으로 행동하는 연예인 등에서만 나르시시즘을 찾을 수 있는 게 아니다. 직장에서도 쉽게 찾을 수 있다.

직장생활을 하다 보면 특히 상사를 보고 자주 하는 말이 있다. "우리 사장은 사이코패스야."

상사든 동료든 후배든 많이 이상한 사람이다 싶을 때 가장 많이 쓰는 말이 **사이코패스**psychopath이다. 학문적으로 사이코패스는 반사회적 행동을 지속적으로 하고, 공감 능력에 결함이 있고, 죄책감이 희박하고, 두려움 같은 감정을 느끼지 않아 대담하고, 욕구를 잘 억제하지 못하는 특성을 일관되게 보이는 성격 장애자이다.

사이코패스라고 하면 흔히 연쇄살인범을 떠올린다. 하지만 그것은 극단적인 사례일 뿐이다. 연쇄살인범이 아닌 사이코패스도 이 사회에서 버젓이 살고 있다. 호주 본드 대학교Bond University의 심리학자 나단 브룩스Nathan Brooks가 미국 최고 경영자CEO 1000여 명을 조사한 결과, 21%에게 사이코패스 성향, 즉 사이코패시psychopathy가 있음을 밝혀냈다. 직장에서 여러분이 만나는 상사 중에도 사이코패스가 생각보다 많을 수 있다(참고로 감옥에 있는 범죄자 중 20%정도만 사이코패스다). 덧붙여 말하건데, 21%가 사이코패스라고 해서 사회적으로 성공하는 데 사이코패시가 도움이 된다고 생각하지 말기를. 더 많은, 나머지 약 80%의 사람들은 사이코패스가 아님에도 성공한 것이니.

잠깐, 왜 다크 테트라드, 즉 어둠의 사총사라면서 사디스트는 다루지 않느냐고? 일단 삼총사에 대해 확실히 안 다음에 사디스트라는 깜찍 끔찍한 나쁜 놈을 다룰 예정이다. 사디스트는 동기, 과정, 결과 패턴이 많이 달라서 별도로 다뤄야 덜 헷갈리기 때문이다.

그래도 **사디스트**sadist에 대해서 너무 궁금해할 독자를 위해 간단히 언급하겠다. 사디스트는 변태적이고 가학적인 방법으로 성적 욕구를 채웠던 사드 후작Marquis de Sade의 이름에서 유래했다. 하지만 성에 관련된 것은 아니라는 점을 잊지 말아야 한다. 자기 세계에 빠져, 공감 능력이 결여되어, 권모술수로 자신의 이익을 얻기 위해 상대의 고통을 모른 척하는 게 아니다. 오히려 상대의 고통에 집중해서 이를 즐기는 게 사디스트이다. 사디스트에게는 고통이 목적이다. 그래서 처방도 다른 삼총사의 경우와 많이 다르다.

나쁜 놈들의 전략

우리는 학교와 사회에서 공식적으로 이런 교육을 받았다. 착한 사람이 되고, 정당하게 자아실현을 하고, 공동체와 더불어 행복을 누리고, 사회에도 공헌하라고. 그런데도 어둠의 사총사가 버젓이 사회에 발붙이고, 높은 직급을 차지하는 이유는 뭘까? 사회가 원래 사악한 곳이라서? 그럴 수도 있다. 하지만 그보다 더 확실한 심리적 이유가 있다.

나쁜 놈이 나쁜 짓을 해도 더 좋은 성과를 얻는 것은, 첫째 성과제일주의 때문이다. 즉, 어쨌든 성과만 잘 나오면 인간 됨됨이나 과정 따위는 크게 개의치 않는 직장과 사회 분위기 말이다. 그리고 두 번째는 심리학적으로 사람들이 나쁜 성격에 더 매력을 느끼는 경향이 있기 때문이다.

어휴. 이런 말도 안 되는 이야기가 어디 있나 싶을 수도 있다.

"내가 나쁜 놈 때문에 얼마나 괴로운데 매력을 느낀다고?"

기억을 더듬어 보시기를. 사총사가 본색을 드러내기 전 여러분의 마음을. 자책하라고 하는 말이 아니다. 세상일이 그렇다. 학교에서도 마냥 착한 학생보다는 얄밉게 전략을 쓰거나 남에게 힘을 마구 휘두르는 사람이 인기가 더 많은 경우가 있다. 그게 현실이다. 직장에서도 갖은 수단을 써서 자기의 매력을 어필하는 사람이 좋은 자리를 차지한다. 나쁜 성격은 별로 문제 되지 않는다. 사람의 생명을 노리는 뱀파이어에게도 매력을 느끼고, 케이

퍼 무비caper movie에 나오는 도둑이나 사기꾼을 응원하는 게 인간이니까. 왜? 그들이 멋있어 보이니까.

마키아벨리안은 자신이 매력적인 전문가로 보이도록 일부러 남이 잘 모르는 전문 용어를 섞어 말하기도 한다. 박학다식하고 통찰력 있는 인재로 포장하기도 한다. 과거의 이력을 화려하게 조작하기도 한다.

나르시시스트는 자신감 넘치는 말과 행동으로 상대방의 마음을 뒤흔든다. 그들의 당당한 모습에 '저 사람은 능력 있어.'라고 여기게 된다. 당당하게 살고 싶은 사람은 나르시시스트를 부러운 시선으로 바라본다. 그 당당함이 성격 장애에서 나오는 것도 모르고.

사이코패스는 위기 상황에서 침착한 모습으로 어필하기도 한다. 보통 사람은 두려워서 피하고 싶은 상황에서도 두려움 자체가 없고, 도전했다 실패해도 후회를 느끼지 않으니 과감하게 도전한다. 그 모습이 사회적으로 권장하는, 도전 의식이 충만한 매력적인 사람처럼 보인다.

사디스트는 집요함을 열정이라는 매력으로 둔갑시킨다. 하나에 꽂혀 그 길로 죽 거침없이 나아가는 장인 앞에서 우리는 쉽게 매력을 느낀다. 자세한 사정을 알기 전까지는. 그 나쁜 놈이 기상천외한 방법으로 매 순간 장인의 숨결이 느껴지도록 나에게 고통을 주기 전까지는.

진실로 멋진 사람은 매력이 있다. 하지만 매력이 있다고 다

진실로 멋진 사람은 아니다. 포함 관계가 다르다. 정우성은 남자이다. 하지만 남자라고 다 정우성은 아니다. 안타깝게도. 남자인 나도 정우성이 아니다. 이게 현실이다.

능숙하게 자신을 매력적으로 치장하는 어둠의 사총사의 꺼풀을 벗기고 꼼꼼하게 보면 나쁜 놈들을 피할 수 있다. 그게 쉽냐고? 쉽지 않다. 그래서 이 책이 있는 게 아닌가.

아, 잠깐!

나쁜 놈들에 대해서 자세히 살펴보기 전에 일단 여러분이 나쁜 놈이 아닌지부터 확인해야겠다. 나쁜 놈들에게 쓸 전략이 나쁜 놈 손에 들어가면 안 되니….

미국 플로리다 대학교University of Florida 심리학과 교수인 피터 요나손Peter K. Jonason과 그레고리 웹스터Gregory D. Webster가 2010년에 내놓은 '악의 삼총사와 관련된 더러운 12항목The Dark Triad Dirty Dozen, DTDD'으로 간단히 검사하고자 한다.

아래 문항에 동의하는 정도를 5점 만점으로 대답하면 된다. 즉 '절대 아니다 1점', '아닌 편이다 2점', '보통이다 3점', '그런 편이다 4점', '확실히 그렇다 5점' 중에 여러분이 해당한다고 생각하는 점수를 각 문항 옆에 쓰면 된다.

1. 나는 다른 사람을 내 방식대로 조종한다.
2. 나는 내 방식대로 하기 위해 거짓된 방법을 사용한다.
3. 나는 이익을 위해 아첨한다.

4. 나는 내 목적을 위해 다른 사람을 이용한다.

5. 나는 죄책감이 없다.

6. 나는 내 행동의 도덕성을 별로 신경 쓰지 않는다.

7. 나는 냉담하다.

8. 나는 시니컬하다.

9. 나는 다른 사람이 나를 존경하기를 바란다.

10. 나는 다른 사람이 나에게 관심 주기를 바란다.

11. 나는 명예와 지위를 원한다.

12. 나는 다른 사람으로부터 특별한 배려를 기대한다.

이 검사는 순서대로 각각 네 개씩 마키아벨리즘machiavellism, 나르시시즘narcissism, 사이코패시psychopathy를 알아보는 문항으로 되어 있다. 질문의 답을 합산한 점수가 17점 이상이면 여러분 자신이 나쁜 놈일 수도 있다. 충격적이겠지만 그 현실을 받아들이는 것이 문제 해결의 실마리가 된다. 그럴 경우 이 책보다는 이상심리학abnormal psychology 책을 권한다. 혹은 전문가의 세밀한 진단 검사를 받은 뒤 심리 상담을 받아 보는 게 좋다. 이 책은 나쁜 놈들에게 더 이상 당하지 않겠다는 사람들을 위해 쓰였으니.

1장

"이익을 위해서라면 조작과 착취는 기본!"

마키아벨리안 나쁜 놈

키워드: 통제, 이익, 조작, 음모

- 이번 한 번만 도와 달라 매달리고, 도와주면 생까는 놈
- 불필요한 야근·출장을 자청하고 초과 수당을 바라는 놈
- 직장에서 정치하는 놈
- 원칙보다는 꼼수를 더 잘 쓰고 뻔뻔하게 거짓말하는 놈
- 아첨하는 놈
- 사소한 것까지 여기저기 참견하는 놈

사례 **결국 팀장은 나를 이용해 먹었다**

박정은 대리가 IT 솔루션 회사에 처음 입사할 땐 일이 힘들까 걱정했다. 하지만 입사 4년차, 이제는 확실히 알았다. 일보다 사람이 백만 배 힘들다.

6개월 전 회사에 새 팀장이 오면서 그 사실을 더 절감했다. 새로 온 엄준식 팀장은 딱딱하게 업무 지시를 하며 곁을 주지 않았다. 늘 혼자서 뭔가 열심히 했다. 박 대리가 아침에 출근하면 엄 팀장은 책상에 엎드려 자고 있기도 했다. 아침 7시에 출근하면서 엄 팀장이 지쳐 자고 있는 모습을 여러 번 본 임원들은 박 대리를 포함한 팀원들에게 팀장 보필 잘하라고 특별히 당부하기도 했다.

박 대리는 엄 팀장에게 점수를 따기 위해 철저한 조사로 서버의 단가 인하 방법을 찾아 보고했다.

"팀장님, 제가 조사를 해 보니 이 회사 서버가 더 싸고 성능도 좋더라고요."

엄 팀장은 박 대리를 한참 쳐다보고 나서 말했다.

"쓸데없는 짓 하지 말고 시키는 일이나 잘해."

그 이후 엄 팀장은 늘 매뉴얼을 뒤적여 가며 업무적으로 철저하게 일 처리를 하라고 지적했다. 처음에는 팀장으로서 기를 잡기 위한 통과의 례라고 생각했다. 하지만 한 달 정도면 끝날 줄 알았던 길들이기가 그 이후로도 계속되었다.

3개월 전 엄준식 팀장이 갑자기 은근하게 박정은 대리를 불렀다. 따뜻한 말은 고사하고 혼만 내던 엄 팀장이 부르자 박정은 대리는 발걸음을 뗄 때마다 심장이 점점 심하게 요동쳤다.

'오늘은 또 뭔 일로 몰아세울까.'

박 대리는 거의 숨조차 내쉴 수 없는 상태로 엄 팀장 앞에 섰다.

"박 대리 왜 그래? 집에 무슨 일 있어?"

사무실을 오가며 만나도 업무 지적만 하던 엄 팀장. 그가 갑자기 살갑게 구니 박 대리는 어안이 벙벙했다.

"이번 프로젝트는 자네가 맡아보지 않겠나?"

"네?"

"그동안 고생 많았지? 내가 팀장이라고 챙겨 준 것도 별로 없고, 많이 미안했어. 내 사람은 내가 챙겨야지. 동기 중에 자네가 승진 첫차 타게 계속 밀어줄게."

엄 팀장은 프로젝트의 배경이나 진행 상황에 대한 설명 없이 바로 높은 프로젝트 성공 가능성, 그리고 성공시켰을 때의 인센티브를 다소 장황하게 말했다.

"거의 다 된 일이야. 마무리만 좀 하면 돼. 보다시피 내가 처리해야 하는 일이 많잖아."

엄 팀장은 서류가 복잡하게 쌓여 있는 책상을 가리키며 말했다.

"그간의 경험으로 미루어 볼 때 우리 팀에서 이 일의 적임자는 꼼꼼한 박 대리밖에 없더라고. 그래서 특별히 제안하는 거야."

박 대리는 울컥했다. 고진감래. 그동안 나를 테스트해 본 거구나.

"믿고 맡겨 주시면 열심히 하겠습니다."

박 대리는 힘차게 대답했다. 엄 팀장은 반색하며 따뜻한 눈빛으로 박 대리를 바라보았다. 여태껏 없던 충성심까지 생기는 듯했다.

팀장에게 인사하고 나와 자리에 앉자마자 박 대리는 관련 자료를 찾기 시작했다. 특별한 제안이니 엄 팀장이 말한 것처럼 비밀스럽게 사전 조사도 했다. 그런데 자료를 찾을수록 이상했다. 팀장 말과 다르게 프로젝트의 성공 가능성은 낮아 보였다. 박 대리는 더 열심히 조사했다. 그런데 파면 팔수록 회사에 맞는 신규 시장 개척을 위한 프로젝트라기보다는 엄 팀장이 다른 회사에서 추진하다가 제휴 업체와 계약 불이행으로 생긴 문제를 이번 회사에서 수습하기 위해 무리해서 솔루션을 도입할 근거를 만드는 일 같았다.

불법이지만 팀장급이 성과를 위해 매출을 쓰리 쿠션, 포 쿠션으로 여러 업체와 주고받는다는 것 정도는 안다. 은행에서 대출을 받으려면 매출액이 어느 정도 나와야 하는 중소기업의 팀장이면 그것도 능력으로 치니까. 심지어 이직해서도 그 매출 빚을 갚는 경우가 있다는 건 들어봤다. 하지만 매출 조작이 아닌 실제 거액의 솔루션 계약은 너무나도 부담이 큰 일이었다.

물론 이 뒤치다꺼리를 해 주면 팀장이 인사 고과를 좋게 주리란 기대를 품을 수는 있었다. 하지만 평소 엄 팀장의 행실을 보면 그런 기대를 배신할 가능성도 컸다. 이미 이번 프로젝트부터 본인이 설명한 것과는 다르지 않는가. 찜찜해서 도저히 할 수가 없었다. 박 대리는 용기를 내어 엄 팀장을 찾았다.

"아무래도 이 프로젝트는 제게 너무 벅찬 듯합니다."

"그래서?"

"다른 적임자에게 프로젝트를…."

박 대리의 말이 끝나기도 전에, 엄 팀장은 지난번 보였던 따뜻한 표정과는 완전히 다르게 몰아붙였다.

"회사가 애들 장난하는 곳이야?"

박 대리는 얼어붙었다.

"박 대리가 지난번에 하겠다고 해서 팀 업무 배분 다 바꿔 놨더니 이제 와서 뭐?"

엄 팀장은 프로젝트 자체에 대한 이야기가 아니라, 직장인으로서의 업무 자세에 대해 일장 연설을 늘어놨다.

"회사가 자기 좋아하는 일만 하는 곳인 줄 알아?"

박 대리도 그 정도는 안다.

"팀장이자 인생 선배로서 후배인 자네의 성장을 위해서라도 이번 프로젝트 배분은 취소할 수 없네."

말을 마친 엄 팀장은 여느 때처럼 바쁜 척하며 이메일을 확인했다. 그런 다음 일이 쌓여 있음을 보여 주는 문서들이 어지럽게 놓인 책상을 헤치고 전화기를 들었다.

"더 이상 할 말 없으면 나가. 바쁜 사람 업무 방해하지 말고."

박 대리는 3개월 동안 프로젝트에 매달렸지만 문제를 해결하지 못했다. 결국 인사 고과도 나빠졌다. 기획에서부터 실행까지 박 대리의 이름이 들어가 있었기 때문이다. 그제야 처음부터 자신이 철저하게 이용당했음을 깨달았다.

다른 경쟁 업체 분석 보고서를 보니 자신이 예전에 제안했던 업체의 가격과 품질, 평가 정보도 조작되어 있었다. 팀장이 선정한 업체에서 뇌물이나 접대를 받았을 수도 있다는 생각이 들었다. 팀장의 이익을 건드려서 실패할 프로젝트에 일부러 배정했다는 사실을 깨달았다. 깨달음이 클수록 후회와 자괴감과 분노도 커졌다. 엄 팀장이 있는 회사는 더 이상 다니고 싶지 않았다. 하지만 '내 잘못도 아닌데 왜 내가 그만두어야 하나' 하는 생각에 더 미칠 것 같았다.

그래, 속였다. 근데 이익 추구가 죄는 아니잖아?_마키아벨리안의 정체

앞의 사례를 읽으며 마키아벨리안의 특성을 눈치챘는가? 그러면 다음 질문에 답해 보자.

"마키아벨리안은 자신이 마키아벨리안인 것을 알까?" 이 질문에 대한 여러분의 답은?

　　답은 이렇다.

　　"마키아벨리안은 자신이 마키아벨리안인 줄 안다."

　　아, 수식어를 좀 더하기는 해야 한다.

　　"마키아벨리안은 자신이 '똑똑한' 마키아벨리안인 줄 안다."

　　심리학에서 마키아벨리안은 '자기 자신의 이익을 위해 다른 사람들을 속이고, 착취하는 사람'이다. 객관적으로 나쁜 놈이다. 하지만 마키아벨리안은 자신을 '자기 이익을 위해 능수능란하게 지략을 펼칠 줄 아는 똑똑한 사람'이라고 생각한다. 똑똑함은 좋은 것! 그러니 자기가 마키아벨리안이라고 인정하지 않을 수 없다. 오히려 마키아벨리안이 아닌 사람이 무능하다고 생각한다.

　　마키아벨리안은 이익을 위해 조작을 하는데, 그게 나쁘다고 생각하지 않는다. 자기 계발서 중에는 권모술수에 능한 사람을 처세술에 능한 사람이라며, 역할 모델로 삼으라고 하는 책도 있지 않는가. 아예 마키아벨리즘의 효시인 마키아벨리Machiavelli처럼 생각하고 행동하는 게 현명하다고 주장하는 책도 있다.

　　마키아벨리는 '목적을 위해서라면 권모술수도 효과적으로 쓸 줄 알아야 한다'는 주장과 '바람직한 군주는 시민 위에 군림하는 냉혹한 지배자이다', '대중은 머리를 쓰다듬어 주거나 없애 버리거나 둘 중 하나를 해야 한다', '사랑받는 것보다 두려움의 대상이 되는 것이 낫다'는 주장으로 유명한 16세기 정치 사상가다. 그는 귀족 가문에서 태어났지만 법률가인 아버지가 세금도 제대로 내지 못하는 가난한 환경에서 자랐다. 그리고 당시 영주 간의 치열한 싸움으로 평생 전쟁에 시달려야 했다. 그러던 중 환갑 직전에 전쟁을 겪고 피렌체의 공화정이 붕괴되면서 힘의 공백이 생기자 평생 고생만 하다가 이렇게 죽을 수는 없다고 생각했다. 그래서 군주에게 힘을 몰아주고, 자기도 자문 역으로 한자리 차지하려고『군주론』을 썼다.

그전에는『로마사 논고』처럼 약자의 힘을 강변하는 글을 쓴적도 있었다. 하지만 개인적인 명예를 얻지도 못했고, 가난해지기만 했다. 현실적 이익을 얻지 못하자 마키아벨리는 '역시 강한 게 좋은 것'이라며 태세를 전환했다. 군주에게『군주론』을 보내고 주변 사람들을 설득했다. 절대군주가 국가와 개인 모두의 성장과 행복을 위해서 꼭 필요하다는 주장을 펼쳤다. 절대군주 입장에서는 마키아벨리가 필요했으니 지원을 마다할 이유가 없었다. 그렇게 마키아벨리는 자기의 이익, 즉 부귀영화를 좇아 진실을 왜곡하고 군주와 학자들과 일반 사람의 신념을 바꿔 이용하려고 했다.

『군주론』이 고전으로 대우받는 이유는 당시 역사를 움직인 군주들이 마키아벨리의 논리를 통치 명분으로 삼았기에 그 시대를 이해하는 데 도움이 되기 때문이다. 물론 현대에도 통치자들에게『군주론』은 매력적인 사상이지만, '일반 국민이 국가의 주인이며 모든 권력은 국민에게서 나온다'는 민주주의의 기본 이념과 가치에 배치된다. 그럼에도 불구하고 마키아벨리즘은 남아 있다. 아니, 좋은 것처럼 포장되어 잘 팔린다. 마키아벨리즘을 이용하려는 나쁜 놈이 많으니까.

마키아벨리는 자기 이익을 위해 변심하고서도 '사회의 이익', '시대적 요청', '정치 사상적 흐름' 등의 명분으로 가장하는 능력이 뛰어났을 뿐이다. 현실에서도 마키아벨리안은 자기 이익만 챙기면서 마치 다른 사람의 이익을 위하는 척한다.

"이거 나 좋자고 하는 게 아니야."

마키아벨리안은 자기 이익을 실현시키려 회사 매뉴얼을 뒤적여 놓고서도 '회사의 이익'을 강조한다. 매뉴얼 내용과 자기 이익이 반대되면 '현장의 특성', '업무 처리 유연성', '담당자의 재량' 등의 명분을 내세워 이익을 찾으려 한다.

마키아벨리안은 '직장이라면 이래야 해, 저래야 해'라는 식으로 원칙을 강조하는 원칙주의자처럼 보인다. 하지만 사실은 남을 속여서라도 자기 이익에 충실하려는 극도의 이기주의자일 뿐이다. 마키아벨리안이 사람들을 그렇게 속인다면 피해자들이 들고일어나 사회와 직장에서 그들이 퇴출되어야 정상 아닐까? 그러나 현실은 그렇지 않다.

마키아벨리안이 발붙이고 살 수 있는 이유는 사기를 당하고도 사기를 당했다고 여기거나, 그렇게 생각했다고 해도 공개적으로 사기당했다고 밝히는 사람이 많지 않기 때문이다.

누구에게나 자신의 명예는 중요하다. 누군가에게 속았다는 사실은 아주 가까운 사람에게나 털어놓을 수 있는 일이다. 자신이 한심하고 바보 같다고 고백하는 느낌이라서. 결국 마키아벨리안의 사기 행각은 은밀한 뒷담화의 대상이 될 뿐 공식적으로 공론화되는 일이 드물다. 마키아벨리안은 이런 틈을 비집고 들어와 더 대담하게 나쁜 짓을 벌인다.

내가 왜 사기꾼이냐?_마키아벨리안의 특징

마키아벨리안은 권모술수의 달인답게 다양한 특징을 갖고 있으며 사기꾼의 모습과 유사하다.

첫째, 이익을 강조한다. 본인이 이익에 민감한 만큼 다른 사람도 그러리라 생각해서 상대의 이익을 강조하면서 접근한다.

"내 친구가 슬쩍 이야기해 준 정보인데 이번 펀드는 일주일 후에 작전이 끝나. 지금 투자 안 하면 자네만 손해야."

"이 모임은 2년에 1번씩만 신입 회원을 모집하는데 빨리 가입하지 않으면 기회를 놓쳐. 2년 기다릴 거야?"

"지금이 특가 세일 기간이고, 3일 후에는 원래 가격으로 돌아간대. 나도 먹어 봤더니 좋더라고. 이거 안 사면 바보야."

마키아벨리안은 상대를 위하는 척하며 자기 이익을 챙긴다. 투자하게 한 뒤 자신도 피해 입은 척 투자금을 뒤로 챙기고, 물건을 팔아 수익을 챙기고, 자기 일을 떠넘기고, 자기 대신 위험한 일을 하게 종용하기도 한다. 그러고 나서 이렇게 말한다.

"에이, 도와주려고 했는데 맘처럼 안 되네. 나도 속상해. 다음에 더 좋은 일로 꼭 보답할게."

둘째, 거짓말을 잘한다. 사이코패스는 충동적으로 그때그때 자기 욕망에 따라 거짓말을 한다. 나르시시스트는 자신을 돋보이게 하려고 거짓말을 한다. 마키아벨리안은 자기 이익을 위해서 거짓말을 한다. 겉으로는 다 똑같은 거짓말이지만 동기가 다르다.

마키아벨리안은 구체적으로 포상금, 승진, 연봉 인상 등 손에 거머쥘 수 있는 이익이 있을 때 거짓말을 한다. 돈을 빼앗기 위해 거짓말하는 사기꾼이 바로 대표적인 마키아벨리안에 해당한다. 성격적 결함으로 거짓말을 하지 않고는 못 배기는 게 아니라, 노리는 이익이 있어서 거짓말하는 게 마키아벨리안의 주된 특징이다.

셋째, 관계 초기에도 굳이 부정적인 모습을 숨기지 않는다. 제3자가 지켜보고 있는 곳에서도 화를 내거나 싸움을 걸거나 욕을 하는 등 부정적인 모습을 보인다. 부정적인 모습을 보고 더 마음을 빼앗기는 사람이 있기에 마키아벨리안은 부정적인 모습을 보이는 것에 그다지 신경 쓰지 않는다.

"이렇게 불같은 성격을 가진 사람인데도 나에게는 잘 대해주네. 나를 특별하게 생각하는 게 맞아."

특별한 관계를 맺고 있다고 생각하는 사람은 마키아벨리안이 요청하는 특별한 요구를 들어줄 가능성이 높다. 이게 마키아벨리안이 바라는 바이다.

관계 초기에 상대에게 공감하며 긍정적이고 매력적인 모습으로 다가가는 데 심혈을 기울이는 사이코패스와 달리 마키아벨리안은 부정적인 모습을 굳이 감추지 않는다.

넷째, 공감 능력이 없다. 자기의 이익을 위해 다른 사람을 끝까지 속이려면, 그들을 동정하는 마음이 있으면 안 된다. 그래서 사이코패스와 비슷해 보인다. 하지만 큰 차이가 있다. 마키아벨리안은 관계 초기에도 굳이 공감하는 척을 많이 하지 않는다. 자기 이익을 위해 상대를 조종하기 위해서 오히려 거리감, 분노 등 부정적인 태도까지도 전략적인 무기로 쓴다. 한편 사이코패스는 초기에 거리감, 분노보다는 긍정적인 매력을 더 내뿜으려 노력한다.

다섯째, 상대방의 정체성에 대한 이야기를 자주 한다.

"너는 착한 사람이야."

"너는 능력 있는 사람이야."

"너는 다른 사람을 잘 도와주는 인성 좋은 사람이야."

이런 말을 들은 상대는 그 정체성에 맞게 행동하려고 노력한다. 하지만 이는 당사자의 정체성이 아니라 마키아벨리안이 자기의 이익대로 상대를 조종하기 위해 일부러 규정지어 주입시키는 것에 불과하다.

부정적인 면에 대해서도 마찬가지이다. 특정 사안이 아니라 정체성을 못 박듯이 말한다. 만약 보고서에 문제가 있으면 "이번 보고서는 통계 인용이 잘못되었어."라고 하지 않는다. 대신 이렇게 말한다. "넌 늘 부주의해."

상대의 기를 죽여 항시 자신의 지배를 받도록 유도한다. "내가 인생 선배로서 자네에게 충고하지. 대리 정도 되었으면 말이야…."

이런 식으로 구체적 사안이 아니라 자신과 상대의 정체성을 놓고 자주 말한다면 마키아벨리안이 아닌지 의심해 봐야 한다. 일반적인 상식, 사회적 관행, 인생의 교훈인 것처럼 말하지만 사실은 자기 이익을 위한 핑계일 확률이 높다.

'아하, 내가 어려웠던 이유가 바로 그거 때문이었군. 이 사람은 지식과 경험이 많아. 앞으로도 의지해야겠어.'

마키아벨리안에 현혹된 사람들은 개인적 문제가 아닌 다른 사안에 대해서도 마키아벨리안의 설명에 마음이 움직인다. 설명은 생각의 틀을 제한한다. 그의 말을 통해서 생각하고, 행동한다. 이게 바로 마키아벨리안이 사람의 마음을 조종하는 방법이다.

여섯째, 확신에 찬 어조로 전문가인 것처럼 말한다. 이미 상대가 좀 알고 있는 분야를 이야기할 때면 잘 쓰지 않는 전문 용어를 써 가며 이야기한다.

자신이 좋아하는 것을 더 많이 알고 있는 사람에게 의지할 마음이 생기는 것은 당연하다. 마키아벨리안이 취미 상담이나 해 주자고 취미와 관련된 전문 용어를 쓰는 게 아니다. 사람들은 보통 좋아하는 것, 혹은 좋아하고 싶은 것을 이미 상당 수준으로 좋아하고 있는 사람에게는 동질감을 느낀다. 더욱이 자기보다 더 아는 게 많으니 의지할 마음이 생긴다. 결국 그 취미 이외에 다른 개인적 문제, 업무적 문제에 대해서도 마키아벨리안에게 상담하게 된다. 마키아벨리안은 겉으로는 상담해 주는 척, 조언해 주는 척하면서 자기에게 유리한 방향의 해결책을 내놓는다. 마치 상대를 위하는 것처럼 포장해서 자기의 이익을 실현한다.

일곱째, 일반인이 선호하는 취미에 중급 이상의 지식을 갖고 있다. 마키아벨리안은 투망을 넓게 던져서 가급적 많은 물고기를 잡으려 하기 때문에 특유의 취향이 아닌, 운동, 명상, 여행, 커피, 와인 등등 일반인이 선호하는 취미 활동 중 어느 하나에 대해서는 중급 이상의 지식을 갖고 있다. 최고급까진 아니어도 된다. 어차피 전문 분야는 상대가 잘 이해하지 못해서 더 자세히 들어가지 않는다는 분위기를 풍기며 구체적인 이야기를 피하면 되니까.

"커피 좋아한다고? 나도 좋아해. 에스프레소를 리스트레토로 먹으면 좋아. 하지만 울적할 때는 도피오도 좋지. 노르딕 스타일 원두를 하리오에 내려 먹는 것도 좋고."

아예 상대방이 모르는 분야라면 상대가 정보를 새롭게 찾아보거나 의심할 수 있다. 하지만 어느 정도 자신감을 가지고 있거나 이미 흥미가 있는 분야라면? 조금 더 깊이 들어간 정보를 맥락 없이 마구 나열하는 것만으로도 마음을 빼앗는 효과가 있음을 마키아벨리안은 안다.

마키아벨리안은 거짓으로만 이야기를 꾸며 내지 않는다. 사실과 섞어서 이야기할 때 더 효과적이라는 걸 아니까. 상식 수준에서는 사실에 부합하는 이야기를 한다. 그래서 상대가 마음을 놓게 하고 나서 세부적으로 들어가 전문적인 수준이라고 생각되는 부분에서 거짓말을 마구 꾸며 댄다.

여덟째, 부탁할 때 촉박하게 마감 기한을 내건다. 사람은 감정적인 동물이다. 그리고 감정은 휘발성이 있어서 시간이 지날수록 그 효과가 떨어진다. 마키아벨리안은 장밋빛 미래든 협박이든 감정을 뒤흔드는 거짓말을 섞어 요구한다. 그리고 짧은 마감 기한 내에 상대가 제안을 받아들이지 않으면 그 일로 커다란 문제가 생기고, 관계도 파탄 날 것처럼 군다.

결국 압박감에 마키아벨리안이 원하는 것을 들어준다. 그러고 나면 신뢰 관계가 두터워졌다는 느낌을 받을 겨를도 없이 예전보다 더 큰 요구를 해 온다. 마감 기한이 부담되어 주저하면 상대를 나쁜 사람 취급하며 감정적으로 또 흔들기 시작한다.

간사하고 뻔뻔해야 성공하지_직장 마키아벨리안

그럼, 직장 내에서 마키아벨리안은 어떤 모습일까?

첫째, 이익에 따라 태도가 변화무쌍하다. 이익을 좇아 태도를 얼마든지 바꿀 수 있는 게 마키아벨리안이다. 처음에는 주로 믿음직한 사람처럼 군다. 하지만 시간이 갈수록 자기의 이익을 위해 상대를 조종하려 든다. 따돌림을 조장하거나, 두려움을 심어주거나, 위협을 하거나, 혐오 발언도 서슴지 않는다. 심지어 뻔뻔하게 공을 가로채기도 한다. 그런데 정확한 타깃팅으로 하는 게 아니다.

어서 나글러Ursa K. J. Nagler, 카타리나 라이터Katharina J. Reiter, 마르코 퍼트너Marco Furtner, 존 라우스만John F. Rauthmann의 2014년 연구에 따르면 마키아벨리안의 사회적 상호 작용 기술이 대단하지는 않다. 사이코패스처럼 매력을 어필해서 사냥하듯 특정 타깃이 자신에게 빠지게 하지는 못한다. 연구자들 표현대로라면 '어둠 속에서 총 쏘기'처럼 아무한테나 자기 기술을 난사한다. 특별히 누구 하나를 정해 놓고 하지 않는다. 어떤 사람을 타깃으로 했는데 따돌림이 잘 안 먹히면 다른 사람으로 재빨리 바꾸는 식이다. 그래서 마키아벨리안의 인간관계는 복잡다단하다.

업무 처리에 대한 태도도 복잡하다. 실무자가 비용 처리 영수증을 내밀면 마치 자기 돈이 나가는 것처럼 깐깐하게 군다. 실제로 자기 돈이라고 생각한다. 그 돈을 아껴서 자기가 쓸 수 있는 돈으로 바꾸는 사람이니까. 자기가 쓴 출장 비용에 대해서는 한없이 관대하고, 다른 사람에게는 근거 자료를 만들라고 뻔뻔하게 요구하기도 한다.

출장이나 휴가도 자기가 제어해서 가장 좋은 조건을 누리려 한다. 다른 사람에게는 미리 휴가 혹은 출장 계획을 세우라고 하고서는, 이런저런 핑계로 일정을 조정해서 본인은 가장 좋은 대안을 차지하기도 한다. 자기의 계획을 방해하려는 사람이 있다면 팀워크를 해친다며 적극적으로 공격한다. '내가 하면 로맨스, 남이 하면 불륜'이라는 태도를 당연하게 여긴다. 자기 이익을 위해서는 뻔뻔하게 태도를 바꾸는 사람이 바로 마키아벨리안이다.

둘째, 협동이 필요한 일에 적극적으로 나서지 않는다. 협동은 공동의 이익을 향한 노력이다. 그리고 직장 시스템에는 공동의 이익에 대한 공평한 분배가 기본 전제로 깔려 있는 경우가 많다. 하지만 개인적 이익에만 관심 있는 마키아벨리안은 이런 협동 과제에 흥미를 느끼지 않는다.

업무 분장이 공식적으로 명확히 잘 되어 있는 과제에도 흥미를 느끼지 않는다. 다른 사람을 속여서 자신이 할 일을 덜 하거나, 위험을 떠넘기거나, 이익을 빼앗아 올 수 없기 때문이다.

여러 명이 한 편이 되어 협동해야 하는 게임에서도 제대로 역할을 해내지 못한다. 마키아벨리안은 협동 과제가 있으면 무작정 직급의 힘으로 떠넘기려고 한다. 회사 전체 회의를 통한 최종 결정도 자기 이익과 상관없으면 잘 기억하지 못한다.

셋째, 이익에 도움되지 않는 새로운 도전을 싫어한다. 사이코패스는 흥분을 주는 자극을 추구하기 때문에 늘 새로운 것을 좋아한다. 하지만 이익을 추구하는 마키아벨리안은 안정적인 이익 확보에 방해가 될 수 있는 새로운 변수를 싫어한다. 자기 분야를 정하고 그곳에서 어장 관리를 하면서 사람들의 피를 빨아먹는다. 숙주인 직장을 잘 바꾸지 않으니 기생충과도 같다.

본격적으로 돈이 투입되거나 인사 고과에 가중점이 부여된다는 보장이 없는 신규 사업, 신규 제품, 서비스 개발에 대한 태스크 포스 팀에는 참여하지 않는다. 몇 달 뒤에 의미 있는 업무로

이어질 확률이 극히 적다는 것을 '이익'에 민감한 마키아벨리안은 경험을 통해 잘 안다. 다른 사람을 부추겨서 나서게 하고 자신은 다른 업무를 핑계로 뒤로 빠진다. 결국 연말 인사 고과는 태스크 포스 팀에 들어갔든 아니든 상관없이 비슷하게 받는다.

넷째, 수시로 자잘한 부탁을 하거나 잔심부름을 시킨다. 사이코패스는 포식자로서 남을 통제하는 것 자체가 목적이다. 나르시시스트는 세상의 중심으로서 자신이 남에게 요구할 수 있는 특권을 갖고 있다고 생각한다. 하지만 마키아벨리안은 이익을 실현시키기 위해 다른 사람을 통제하려 한다. 언제든 이용할 수 있을 만큼 자신이 다른 사람을 통제하고 있는지 확인하기 위해 업무 관련 필기구 준비, 커피, 개인적 물건 구매 등의 잔심부름을 시킨다. 잔심부름 자체가 의미 있는 게 아니라, 통제에 의미가 있다. 작은 요구로 시작해서 자신의 통제력을 확인하며 계속 요구가 커지는 게 마키아벨리안의 특징이다.

마키아벨리안의 요구는 보이스 피싱과 같은 거다. 계속 귀찮게 한다고 그 요구를 심각하게 받아들이며 응할 필요는 없다.

다섯째, 업무 방식이 '모로 가도 서울만 가면 된다'는 식이다. 마키아벨리안은 수단과 방법을 가리지 않고 자기의 이익을 실현하려고 한다. 그래서 수시로 방향을 바꾸고, 원칙에서 벗어난 요령을 찾으라고 지시한다. 원래 정했던 것을 그대로 지키는 의지력이 약하다. 언제나 더 이익을 얻을 수 있는 쪽으로 방향을 튼다.

여기까지만 보면 충동적으로 반응하는 사이코패스와 비슷

하다. 하지만 마키아벨리안은 방향을 바꿀 때 거짓말로 핑계를 댄다. 상대의 이익을 위해서라든가, 회사의 방침이라든가, 윗선의 개입이라든가 등등 자기 이익 때문인 게 드러나지 않도록 자기 이외의 외부 요소에서 이유를 댄다. 사이코패스가 당당하게 "능력 있는 내가 이렇게 판단하는 것이니 믿고 따르라."고 강요하는 것과는 다르다. 마키아벨리안은 사실을 조작한다.

여섯째, 일을 열심히 하는 척한다. 사이코패스가 먹잇감을 필요로 하듯이, 마키아벨리안도 착취할 대상이 늘 필요하다. 사람에게는 돈이 필요하다. 돈을 벌려면 일을 해야 한다. 그런데 마키아벨리안은 직장에서 주어진 업무를 열심히 하지 않는다. 업무를 하는 척하면서 사실은 자기 대신 일해 줄 사람을 찾는다.

마키아벨리안은 윗선의 지시로 비밀 프로젝트를 하느라 바쁘다고 핑계 대거나, 곧 구체화되면 정리해서 보고하겠다는 등의 말로 자신이 현재 하고 있는 일이 구체적으로 무엇인지, 정확히 말해, 일을 별로 하고 있지 않다는 사실을 숨긴다. 일부러 오래된 서류 뭉치를 쌓아 놓고, 여러 파일을 모니터에 상시 띄워 놓고, 쓰다 만 이메일을 화면에 올려놓고 고심하는 척하기도 한다. 동료, 후배, 상사에게 자신이 늘 과중한 업무에 치어 산다는 이미지를 주려고 안달한다. 그래서 위험한 일을 피하고, 남에게 업무를 더 많이 떠넘기며 성과가 있겠다 싶은 일에는 그동안 묵묵히 참은 것에 대한 보상이라며 비집고 들어갈 명분을 쌓는다.

일곱째, 이메일을 정치적으로 활용한다. 특정 직원의 업무 과실을 지적할 경우 회의나 개인 면담을 통하지 않고 이메일로 처리하는 것을 선호한다. 일대일 이메일이 아니다. 굳이 참조시키지 않아도 되는 사람들을 공개적으로 참조 명단에 넣어 공격 대상인 직원을 압박한다. 때로는 다른 사람을 숨은 참조로 넣어 특별히 보여 주는 척하며 추후에 협박하거나 회유에 이용할 빌미를 준비해 놓기도 한다. 이때 작성한 이메일은 말로 전달할 때보다 훨씬 강경하고 공격적인 경우가 많다.

특정 사안에 대해서는 사내 구성원뿐만 아니라 고객, 거래처까지 이메일 내용을 보도록 해서 마치 자신이 상황을 모두 통제하는 권력을 갖고 있는 것처럼 보이게 한다. 사람들은 권력이 있는 사람에게 더 모이고, 사람이 모이면 자기 이익을 위해 권력을 쓰기 더 편리하다는 것을 마키아벨리안은 잘 알고 있다.

마키아벨리안 무찌르기

자, 그럼 이런 마키아벨리안의 술수에 그저 당하고 넘어가지 않으려면 어떤 방법이 있을까?

첫째, '착한 사람 콤플렉스'에서 벗어난다. 상대방의 요구를 들어줘야 착한 사람이라는 생각은 착각이다. 상대방도 상대방 나름이다. 마키아벨리안의 요구는 그 사람만의 이익을 위한 것이다. 요구를 들어준다 해도 그는 진심으로 고마워하지 않는다. 결과적으로 나쁜 놈을 도와준 것이니 착한 일을 한 것도 아니다. 더 근본적으로, 여러분이 굳이 착한 사람이 될 필요는 없다. 남에게 피해 주지 않고 자기 스스로 관리만 잘해도 괜찮다.

둘째, 주고받는 도움을 꼼꼼하게 따져 본다. 마키아벨리안은 초반에 여러분의 환심을 사기 위해 도움을 주기도 한다. 그런데 그 도움은 자기 이익을 위한 것이기에 이자가 붙어서 돌아온다.

"지난번에 내가 밥 사 줬잖아. 그러니 이번 조사 좀 도와줘."

이렇게 말하는데 거절하면 배은망덕한 인간이 되는 것 같다. 좀 무리해서라도 도와줘야겠단 마음이 든다. 그게 바로 마키아벨리안이 노리는 바이다. 밥을 사 준 게 고마우면 밥으로 보답하면 된다. 보고서 작성을 도와준 게 고마우면 보고서 작성을 도와주면 된다. 대신 출장을 가거나 사고 친 일을 막아 주려 나설 필요가 없다. 마키아벨리안의 고금리 계산대로 계산된 제안에 응하면 다음에는 더 근사한 미끼를 던지고 더 화끈한 이자를 붙여 요구할 것이다. 여러분은 원금보다 훨씬 커진 이자에 허덕이게 된다.

무엇보다 다른 사람이 보기에는 도움을 서로 주고받는 좋은 사이 같아 보인다는 게 문제이다. 정말 좋은 사람은 굳이 나쁜 놈과 가깝게 어울리는 당신을 좋아하지 않는다. 이래저래 여러분 손해이다.

아무리 급해도 애초에 고리대금업자에게 돈을 빌리지 않아야 하는 것처럼, 도움을 받을 때에도 굳이 마키아벨리안에게 받지는 말자. 매우 위험하다.

셋째, 단호하게 '아니오'라고 말한다. 마키아벨리안은 자신과 다른 의견을 가진 사람을 잘 참지 못한다. 사회적 기술이 부족하다. 여러분이 상대방의 의견에 '아니오'라는 반대 의사를 표현하고, 제안을 거절한다면? 처음에는 열심히 설득하려고 할 것이다. 하지만 계속 거절하면 화를 낸다. 회유를 하고 협박을 해도 원하는 이익을 얻을 수 없으면? 결국 말을 섞지 않는다.

마키아벨리안은 자신이 똑똑해서 얼마든지 상대를 이용할 수 있다고 생각한다. 설득하면 그냥 따를 것이라 생각했는데, 상대가 반대 의견을 직접적으로 말하면 예상하지 못한 시나리오라 당황한다.

"미안해요. 도와주고는 싶은데…. 내가… 정말 미안한데…." 라는 식으로 말하지 말자. 다음과 같이 말해야 한다.

"지금은 부탁을 들어줄 수 없어요!"

상대방이 집요할수록 그들이 붙잡고 늘어질 꼬투리를 줘서는 안 된다. 제대로 거절하지 않으면 계속 귀찮게 할 것이다. 단호히 '아니오'라고 하자. 반대 의견을 말하기 힘들다면 질문을 하자. 여러분을 이용하기 위한 시나리오에 솔직한 질문은 포함되어 있지 않다. 이 점을 공략하자.

"이번 프로젝트에 정말 제가 도움이 될 게 확실하다면 왜 비밀리에 해야 하는 거죠?"

"팀장님이 그동안 자주 하셨던 것처럼 공개 이메일로 자세하게 업무 지시를 해 주시면 팀원들도 정확하게 인지하고 더 확실하게 지지하지 않을까요?"

"제가 적임자라는 근거가 무엇인가요?"

자세한 배경 설명 없이 장밋빛 환상을 심어 줘서 이용하려했는데 되레 둘러대기 힘든 질문을 쏟아 내니 당황하기 마련이다. 질문은 여러분이 의심하는 바부터 시작하면 된다.

넷째, 혁신적인 프로젝트에 추천한다. 앞에서 언급했듯이 나르시시스트, 사이코패스는 새로운 일 벌이기를 좋아한다. 하지만 마키아벨리안은 기존에 이익을 주던 일 처리 방식을 선호한다. 자신의 정체가 드러날 수 있는 위험을 감수하지 않으려 한다. 그래서 사기꾼에게도 그들마다 전문 분야가 따로 있는 것이다. 그동안 마키아벨리안 때문에 스트레스를 받았다면, 마키아벨리안이 스트레스를 받을 수 있는 상황에 밀어 넣는 반격을 해 보자.

마키아벨리안이 위험을 감수하며 대담해질 때도 있다. 도박처럼 자신이 얻을 수 있는 이익이 크다면 말이다. 이익이 먼저 눈에 들어오니까. 하지만 자신의 전문 분야가 아니어서 이익을 얻기 힘들다 싶으면 섣불리 나서지 않고 자기 분야에 머문다. 고스톱 타짜가 준비 없이 바둑이나 부동산 사기로 쉽게 옮겨 가지 않는 것처럼.

물론 혁신적인 일을 맡게 하면 마키아벨리안은 다른 사람에게 일을 미룰 것이다. 하지만 다른 팀원도 마키아벨리안의 정체를 안 상태라면 제안에 응하지 않을 것이다. 결국 마키아벨리안은 혁신적인 일을 하다가 상사에게 좋지 않은 평가를 받게 될 가능성이 크다. 스스로 긍정적인 성품, 능력, 통찰력, 정보력이 있다고 이미지 메이킹 하는 사람에게는 치명타이다. 자신이 이용할 새로운 사람이 있는 곳으로 옮겨 갈 것이다.

마키아벨리안은 참 나쁜 놈이다. 사람을 괴롭혀서 마음이 병약해지게 만든다. 그뿐만이 아니다. 사람의 약한 마음을 공략하는 데에도 귀재이다. 그래서 심리학자는 멘탈이 약해진 상태라도 직장에서는 약한 마음을 보이지 말라고, 피해자에게 조언할 수밖에 없다. 그게 참 힘들다. 말하는 입장이나 듣는 입장 모두.

심리학자 마리아 코니코바Maria Konnikova가 『신용 게임The Confidence Game』에서 주장한 것처럼 마키아벨리안은 실연했거나 외롭거나 아끼는 사람이 사망했거나 등등 상대가 감정적으로 불안정할 때를 딱 공략해서 맘껏 조종한다. 상황이 좋지 않아 다른 사람의 도움이 필요한 딱 그때 마키아벨리안이 도움의 손길로 가장해서 나타난다. 이에 상대방은 마음이 움직인다. 그리고 결국 이용당한다.

마키아벨리안은 외로운 사람을 좋아한다. 인간관계에 목말라 있고, 다른 사람의 조언을 듣지 못해서 마키아벨리안의 정체를 잘 모르는 사람. 사회적 경험이 많은 퇴직자가 사기를 당하는 것도 기본적으로 상호 작용 하는 네트워킹이 제한된, 고립된 상태에 있기 때문이다.

마키아벨리안은 심지어 일부러 상대를 외롭게 만들기 위해 집단 내 따돌림을 조장하기도 한다. 상대의 마음이 약해졌을 때 자기 맘대로 통제해서 이익을 얻으려고.

정리하자면 이렇다. 마키아벨리안은 이익을 좋아한다. 이익을 더 쉽게 얻기 위해 마음 약한 상대를 찾는다. 그러니 이용당하지 않으려면 일단 약하지 않게 보여야 한다. 직장 안에는 마키아벨리안이 많다. 그러니 가까운 동료라고 해도 사생활이나 약점 이야기는 삼가는 게 좋다. 그런 이야기는 학교 친구나 가족, 혹은 아예 낯선 사람에게 털어놓는 게 낫다. 말이 돌고 돌아 마키아벨리안에게 흘러 들어가면 여러분의 사생활이나 약점을 잡아 흉계를 꾸밀 테니.

다른 해결책도 있다. 직장에서 마키아벨리안이 여러분에게 달려든다는 건 이용할 만한 무엇이 보였다는 뜻이다. 그렇다고 마키아벨리안의 눈에 띄지 않기 위해 여러분의 능력이나 경험, 심성을 숨기거나 퇴보시킬 수는 없다. 직장에서 일한다는 건, 자기 일의 전문성을 인정받는다는 뜻이다. 인정받은 사람들 사이의 경쟁도 있다. 경쟁에서 이기기 위해 자기의 전문성을 계속 발달시키고 주변 사람에게 어필해야 한다. 아무렴. 그래야만 한다.

마키아벨리안은 그렇게 능력을 증명하는 당신을 관찰한다. 그것도 여러분이 어쩔 수는 없다. 마키아벨리안이 회유나 협박으로 여러분을 이용하려고 하는 시도만 막을 수 있다. 이게 핵심이다. 원하는 이익을 주지 않기 위해 선 긋기. 설령 이용당하더라도 마키아벨리안이 원하는 것만큼은 주지 않으려 노력하기.

마키아벨리안은 회사의 이익을 위한 게 아니라, 자기의 이익을 위해서 움직인다. 그러니 여러분의 업무 분장, 기존 사업 계획을 넘어선 일에 대해서는 방어적으로 대응해야 한다.

그런데 여기에 변수가 있다. 바로 자신에 대한 믿음이다. 여러분이 입사할 때 제출한 자기소개서에 다소 과장되게 썼을 수는 있다. 그래도 자신이 월급을 받을 정도의 전문성은 있다는 믿음이 있다. 그 믿음을 직장에서 성과로 보여 주고 싶다. 그래야 연봉 인상과 승진, 경력을 얻을 수 있으니까. 여러분이 노력하는 것도 연차와 경력이 쌓일수록 전문성이 높아지고 그에 따른 보상도 받을 수 있다는 믿음 때문이다. 이런 여러분의 믿음을 마키아벨리안은 이용한다.

CNN 창립자인 모리스 쇼엔펠드Maurice Schoenfeld는 이렇게 말했다.

"어떤 사람이 가고자 하는 방향으로 계속 가게 속이는 것은 쉽다."

사람들은 긍정적인 것을 원한다. 더 성장하고 싶고 경쟁에서 이기고 싶어 더 열심히 하려 한다. 경쟁에 뒤처지지 않으려고 '나는 충분히 해낼 수 있다'고 자신감을 쥐어짜며 자기 최면을 건다. 마키아벨리안은 상황을 조작하지 않고서도 이런 상대의 자신감을 이용한다.

"자네라면 이 일을 할 수 있을 거야."

협박이나 회유가 아니다. 그저 상대의 자신감을 자극하는 말일 뿐이다. 상대는 자신감에 일을 무리하게 추진하고 그 과정에서 마키아벨리안은 자기가 원하는 이익을 얻는다.

미국의 심리학자 스튜어트 오스캄프Stuart Oskamp 박사의 1965년 연구를 보면, 정보가 많을수록 과도한 자신감에 빠지기 쉽다고 한다. 회사에서 승진하여 이전보다 많은 정보를 접하면 자신감이 커져서 자기 주장만 내세우거나 일을 무리하게 추진하다가 어려움을 자초하기도 한다. 그러니까 지나친 자기 믿음, 과도한 자신감은 경계해야 한다.

"그 인간이 설령 진짜 나쁜 의도로 그런다고 해도 내가 쉽게 당할라고."

과도한 자신감은 이런 생각을 불러온다. 그래서 놀랍게도 자타가 공인하는 전문성을 가진 똑똑한 사람이 사이비 종교에 빠지거나, 물품 사기를 당하거나, 배신을 당하는 일이 실제로 벌어진다. 전문적이지 않은 분야에까지 자신의 능력이 적용될 거라 여기기 때문이다. 능력 있는 사람이라면 그래야 하니까.

경험, 정보 처리력, 판단력에 자신이 있으니, 마키아벨리안이 교묘하게 생각의 틀을 정한 대로 판단한 것임에도 자기 생각이라고 믿는다. 자기 의지인 줄 알고 실행한다. 과도한 자신감 때문에 더 쉽게 속는다.

참 힘든 일이다. 마음이 약해져도 마키아벨리안에게 이용당하지 않게 경계해야 하고, 자신감이 넘쳐도 그 자신감이 발목을 잡지 않도록 신경 써야 하니까. 이래저래 힘들게 하는 마키아벨리안은 정말 나쁜 놈이다.

2장

"관종의 삶, 특권과 과시는 나를 사랑하는 방법일 뿐!"

나르시시스트 나쁜 놈

키워드: 자기중심주의, 과시욕, 특권 의식

- 직장에서 지나친 노출이나 파격적인 패션을 선보여서 안 본 눈 사고 싶게 만드는 놈
- 자기는 정의로운 줄 알고 공정 운운하면서 과도한 일을 벌이는 놈
- 나쁜 짓을 하면서도 자기는 착한 줄 아는 놈
- 직장에서 혼자 예술하는 놈
- 쥐뿔도 모르면서 자기가 하면 훨씬 더 좋은 결과를 낼 수 있다고 자신하는 놈
- 시도 때도 없이 자기 자랑 하는 놈
- 자신에게 당연한 권리가 있는 것처럼 권위적으로 구는 놈

사례 **나를 최고로 인정해 달라는 말이야!**

이선우 사원은 오늘도 사수인 박 팀장의 행동에 기가 질렸다.

이선우 사원이 치밀하게 조사한 통계 자료 덕분에 팀원들이 새로운 통찰을 얻어 기획의 전환점을 만들게 되었다. 그러면 그냥 칭찬하면 되지 않나? 그런데 박 팀장은 이렇게 말했다.

"팀장은 나무보다는 숲을 보는 사람이야. 대리급 이하는 나무를 더 많이 봐야 하지. 이선우는 사원답게 잘 봤어. 그렇게 계속 잘하다 보면 나처럼 숲을 보는 날이 올 거야."

남을 칭찬한다기보다는 자기를 칭찬하는 느낌이 더 강하게 든다. 본부장 앞에서는 박 팀장 자신이 세세하게 지시하고 챙긴 결과라며 아예 공을 가로채기도 한다. 일뿐만 아니라 사적인 부분까지도 자기가 돋보일 수 있다면 거짓말도 서슴지 않는다.

"나 이번에 새로 오픈한 호텔 VIP 파티 다녀왔잖아. 셀럽들 많이 왔더라고."

그래, 말로만 끝나면 그나마 참을 수 있다. 하지만 우수 사원으로 추천해서 대리 진급을 더 빨리하도록 해 줄 수도 있는데 타 팀과의 형평성이니 선례니 이런저런 핑계를 대면서 진급까지 늦추는 건 참을 수 없다.

"잘하긴 해도 아직 최고의 대접을 받기에는 부족해요. 특히 인성이나 리더십이 아직….""

자기에게는 한없이 관대하고, 남에게는 박한 정도가 아니다. 박 팀장은 자기 자신이 늘 최고로 대접받는 것에 민감하다. 혹시라도 관심이 남에게 쏠리면 참지 못한다. 심지어 있지도 않은 팀원 간 분란 등 안 좋은 소문을 내서 평판을 깎아내리기도 한다.

참다 참다 이선우 사원이 따지면 박 팀장은 얼굴색 하나 변하지 않고 이렇게 말한다.

"아유, 자기가 오해한 거야. 내가 그럴 사람 같아?"

"팀장님이 그랬다는 확실하고 구체적인 증거를 줄 사람이 있어요."

"그래? 그 사람이 누군데? 말해 봐."

처음에는 그 사람에게 피해가 갈까 봐 입을 닫았다. 그랬더니 박 팀장은 이렇게 말했다.

"사람들이 말을 지어내는 거야. 그런 사람들과 가까이하면 안 좋아."

혹은 다음과 같이 훈계하기도 했다.

"자네는 귀가 얇은 게 문제야. 그러니까 사람들이 더 흔들려고 별소리를 다하는 거라고. 그럴수록 중심을 잘 잡아야 사회생활을 잘하지."

이런 일이 반복되니 더 참을 수 없어 증거를 줄 수 있다 했던 사람을 구체적으로 거론해도 결론은 마찬가지다.

"아, 우 대리였구나? 내가 그럴 줄 알았어. 너랑 내가 잘 지내는 게 질투 나서 이간질시키려는 거야. 믿지 마!"

심지어 3자 대면을 해도 바뀌는 것은 없다.

"아이고, 우 대리가 오해했구나. 난 그런 말 한 기억 없는데. 그리고 그런 말을 할 사람도 아니고…. 그래도 오해하게 해서 기분 나빴다면 두 사람에게 사과할게."

절대 자신의 잘못을 인정하지 않는다. 그리고 잘못된 일이나 누군가를 찍어 내리는 일에 동참하도록 계속 압력을 행사한다.

"팀원이라면 당연히 팀장인 내 말을 따라야지."

회사와 팀원의 성과나 이익보다는 '최고의 능력을 갖추고 있는' 자신이 최고의 인정을 받을 수 있는 일을 벌이는 데만 수단과 방법을 가리지 않는 박 팀장. 그와 더 이상 함께하고 싶지 않다.

나르시시즘은 소소한 '자랑질'부터_나르시시스트의 정체

나르시시스트에 대해 자세히 살펴보기 전에 질문!

"나르시시스트는 자신이 나르시시스트인 줄 알까?"

이 질문에 대한 여러분의 답은?

"나르시시스트는 자기가 나르시시스트인 줄 알아. 그러니까 나쁜 놈이지."

땡!

이렇게 답한다면 여러분은 나르시시스트를 모르는 거다.

나르시시스트는 자기가 나르시시스트가 아니라 자존감이 높은 사람인 줄 안다. 농담으로 자칭 '관심 종자'라고 하기도 하지만 진지하게 나르시시스트라고 생각하지는 않는다.

나르시시스트는 위선을 떠는 게 아니다. 자기 자신이 진짜 대단한 인물이라고 믿고 있다. 자신을 '관심 종자'라고 표현할 때조차 자기 스스로를 완벽하게 이해하고 자신의 부정적 측면까지 솔직하게 말하는 '남다른 사람'이라고 인정받고 싶어 한다.

세상에는 나르시시스트가 많을까? 그렇다. SNS를 보면 자기가 산 것, 가진 것, 노는 것을 올리는 사람이 많다. 자신의 보수 혹은 진보적 의견을 적극적으로 밝히는 데 적극적인 사람도 많다. 자기 아이가 특별하다고 자랑하는 사람도 많다. 반려동물을 자랑하는 사람도 많다. 유명인과 찍은 사진을 자랑하기도 한다. 심지어 폭력을 쓰거나 반사회적 행동을 하는 장면이 담긴 동영상을 자랑스럽게 인터넷에 올리기도 하고, 채팅방에 공유하기도 한다. 방송, 쇼핑몰, 인터뷰, 기사 등에서 나르시시즘적인 사람이 '엣지' 있고, '핫'하고, '쿨'한 라이프 스타일을 강조하며 자신처럼 당당하고 행복하게 살라고 유혹한다. 관심만 받을 수 있다면, 뭐든지 좋다는 기세로.

언뜻 보면 다양한 사람들의 다양한 행동처럼 보인다. 하지만 여기에는 똑같은 심리학적 배경, 즉 나르시시즘이 작용하고 있다. (SNS를 하는) 세상 사람들이 모두 나르시시즘 성격 장애자라는 말이 아니다. 일반적으로 200명 중의 1명은 병리적인 나르시시즘 성격 장애자이다. 생각보다 적다고 여길 수도 있다. 나르시시즘 성격 검사NPI, Narcissistic Personality Inventory 척도에서 상위 90퍼센트 정도의 위치에 있는 사람조차도 임상적으로는 나르시시즘 성격 장애로 진단받지 않는다. 일단 상위 95퍼센트를 넘어야 하고, 다른 추가 검사로 인증을 받아야 한다. 그리고 미국 사회심리학자 진 트웬지Jean M. Twenge와 키스 캠벨W. Keith Campbell 박사의 연구에 따르면 나르시시즘 성격 장애자로 진단받은 사람 16명 중 1명 정도만 인생 파탄 나는 사건을 저지른다. 이게 과연 여러분에게 다행스러운 일일까?

아니다. 상당히 높은 수준의 나르시시스트(비록 최고위 나르시시즘 성격 장애자가 아니어도) 대부분이 이 사회에서 말짱하게 다른 사람을 괴롭히고 있다는 뜻이다. 학교에는 별로 노력하지 않았으면서도 자신이 당연히 높은 학점을 받아야 한다고 교수를 괴롭히는 학생이 있고, 직장에는 정작 자기는 별로 남을 배려하지 않으면서 자신은 당연히 존중받아야 한다는 팀장 혹은 동료가 있다. 새로 산 물건을 자랑하며 기를 죽이려는 친구도 있고, 아는 유명인을 들먹이며 마치 자기가 더 특별한 사람인 양 굴어서 불쾌하게 만드는 동료도 있다.

"어, 내가 그런데?"

이렇게 양심에 찔리는 독자도 있을 것이다. 다시 말하지만 나르시시스트는 자기가 나르시시스트인 줄 모른다. 자기는 당연히 그래도 되는 능력과 권리가 있다고 생각하니까. 그저 '자기답게' 사는 것이기에 부끄러움을 느끼지 않는다.

나는 정말 세상에 하나뿐인 특별한 존재_나르시시스트의 특징

나르시시스트를 어떻게 알아볼 수 있을까?

첫째, 매우 자기중심적이다. 타인을 평가할 때 상대의 입장을 헤아리지 않는다. 결과적으로 공감 능력이 없는 것은 사이코패스와 동일하다. 하지만 양상이 다르다. 사이코패스는 뇌의 이상으로 감정을 느끼지 못하고 타인에게 공감하지 못한다. 반면 나르시시스트는 세상의 중심이 자기 자신이라고 생각하기 때문에 굳이 중요하지 않은 남에게 공감하지 않는다.

대화할 때도 자기 입장만 반복해서 강요한다. 세상의 중심인 자기의 욕구가 먼저다. 별것도 아닌 욕구에 별것도 아닌 삶을 살고 있는 다른 사람들은 특별하지 않으니 무시해도 된다고 생각해서 거침없이 공격하기도 한다. 심리적으로, 언어적으로, 사회적으로 상처를 준다.

물론 누구나 정도의 차이가 있겠지만 남보다 잘나고 싶고, 잘난 것, 잘된 것을 자랑하고 싶고, 관심받고 싶고, 사랑받고 싶고, 존중받고 싶은 욕구가 있다. 오죽하면 미국의 심리학자 아브라함 매슬로우Abraham H. Maslow가 인간의 기본 욕구에 인정 욕구를 넣었을까.

하지만 나르시시스트는 단순히 인정 욕구 수준에서 멈추지 않는다. 세상의 중심이 자기라고 생각한다. 이게 핵심이다. 자신이 세상의 중심임을 너희들도 인정하라고, 남들에게 강요한다. 남들이 인정하지 않는다고 풀이 죽지도 않는다. 응당 받아야 할 인정을 받지 못했으니 화를 내며 상대를 응징하려 한다.

둘째, '특별하다'는 말을 자주 하고, 자주 듣고 싶어 한다. 그런 맥락에서 얼리 어답터인 경우가 많다. 첫 번째 사용자가 되기 위해 줄을 서기도 하고, 구매한 신제품을 자랑하기도 한다. 중대한 애경사는 특별하게 진행해야 직성이 풀린다. 직장에서의 행사도 마찬가지다.

"이번 일은 특별하게 해야 해."

머릿속에 박혀 있는 단어가 바로 '특별함'이기에 수시로 터져 나온다. 특별함을 누리는 자기 자신에 대해서 자주 자화자찬을 늘어놓는다.

"내가 좀 특별하지. 정보력이 남다르지 않니? 부럽지?"

평소에 특별한 자신을 칭찬하는 말을 늘어놓는다. 특별함을 강요한다. 그래서 피곤하다. 또한 자화자찬을 더 효과적으로 하기 위해 자신이 가진 것은 실제보다 과장해서 더 좋다고 말하고, 다른 사람이 가진 것은 비하한다. 외모, 물건, 경험, 친구 등등. 그래서 상처를 준다.

특별한 자신에게 맞는 유명세도 좋아한다. 그게 악명을 떨치는 것이라도 일단 관심의 대상이 되니 좋아한다. 게시판에 반사회적인 댓글을 달거나, 직원에게 가혹한 말을 해서라도 자신의 존재감을 확실히 하려고 한다. 상대가 인정할 만큼 긍정적인 존재감을 느끼게 하는 데에는 시간과 노력, 능력이 모두 필요하지만 부정적인 존재감은 관심의 중심을 단숨에 차지할 수 있으니까.

막말과 튀는 행동을 잘하는 미국 전 대통령 트럼프와 비교해 주면 뿌듯해하는 한국의 정치인 H씨를 떠올려 보자. 그는 가짜 뉴스도 개의치 않고 막말도 서슴지 않으며 트럼프의 언행을 따라 한다. 왜? 관심을 끈다는 사실 자체에 만족하기 때문이다.

나르시시스트는 긍정적인 인정과 부정적인 관심을 구별하지 않는다. 세상의 중심인 자신의 가치에 걸맞게 사람들의 시선을 한몸에 받을 수 있다면 거짓말, 나쁜 말, 이상한 짓도 거침없이 저지른다.

셋째, 자기가 능력 있다고 자랑한다. 이 글을 읽는 독자 중 누군가는 나르시시스트가 실제로 능력이 있기는 하다고 고개를 끄덕일 수 있다. 그렇다면 나르시시스트에게 세뇌당한 것이다. 사실 나르시시스트는 그가 말하는 것처럼 능력 있지 않다.

조지아 주립 대학교Georgia State University 심리학과 연구팀은 실험 참가자들에게 "신성 로마 제국을 건국한 인물은 누구인가?" 와 같은 일반 지식 문제를 100개 이상 풀게 했다. 그리고 각 문제마다 자신의 답을 얼마나 확신하는지 스스로 점수를 매기고, 돈을 걸게 했다.

나르시시스트의 경우, 실제 정답을 맞히는 능력은 그렇게 뛰어나지 않았다. 그런데 자신의 답에 대한 확신이 강해서 돈을 더 많이, 더 자주 걸었다. 다른 사람과 비슷한 능력을 가진 나르시시스트는 다른 사람도 맞힐 수 있는 정도의 문제만 맞혔으니 다른 많은 정답자와 배당금을 나눠 가졌고 따라서 별다른 재미를 보지 못했다. 더군다나 오답에 대해서까지 자기 답을 확신해 돈을 화끈하게 걸었다. 결국 적게 따고 크게 잃은 셈이라 큰 손해를 보았다.

손해를 보고서도 자기니까 이 정도로 맞혔다고 믿고, 급기야 자신이 땄다고 남에게 이야기하는 게 나르시시스트이다. 그래서 사람들이 그가 능력 있다고 믿는 것뿐이다. 사실 관계를 확인하면 그의 실체는 금방 들통난다.

자신감 있어 보이는 행동은 나르시시스트가 잘하는 것이다. 인기, 사람들의 관심에도 나르시시스트는 전문가이다. 실질적인 능력이 없어도 자신감으로 능력 있어 보이게 하여 지위를 얻는다. 지속적으로 실제 능력보다 더 과장한다면 그는 나르시시스트일 확률이 높다.

심리학에서는 앨버트 밴듀라Albert Bandura 박사가 제안한 '자기 효능감self-efficacy'이라는 개념이 있다. 자기가 잘할 수 있다고 생각하는 신념이 바로 자기 효능감이다. 예를 들어 수학에 대한 자기 효능감이 높으면 수학을 포기하지 않고 더 많이 공부해서 실제로 성과도 좋아진다.

하지만 나르시시스트는 다르다. 자기 효능감만 높을 뿐 실제로 더 열심히 하지는 않는다. 그래서 성과도 별 볼 일 없다. 잘할 수 있다고, 성과가 좋다고 '자랑'할 뿐이다.

넷째, 외모에 신경 쓴다. 이 말을 외모가 출중하다고 오해하지 말기를. 나르시시스트 본인이 외모가 출중해서 관심을 받고 있다고, 혹은 그런 식으로 사람들의 관심을 끌어야 한다고 생각할 뿐이다. 외모는 수단, 관심이 목적이다.

건강을 위한 수준을 뛰어넘어 집착에 가까운 다이어트, 거울에 비친 외모를 끊임없이 자랑하는 사진, 합성을 해서라도 실제보다 더 멋진 모습을 SNS에 올리는 습관 등으로 확인할 수 있다. 나르시시즘 성격 장애 검사에 '나는 거울 보는 것을 좋아한다'거나 '사람들이 내 외모의 변화를 알아채지 못하면 기분이 상한다'거나 '나는 내 몸을 뽐내고 싶다'와 같은 항목이 포함되어 있는 것도 나르시시스트의 외모 지상주의 때문이다.

다섯째, 자신을 더 돋보이게 할 물건, 경험, 서비스에 집착한다. 그냥 조용히 소유하고 누리지를 않는다. 허세 가득한 멘트와 함께 사진을 올려 인증을 해야 직성이 풀린다. 왜? 관심을 받아야 하니까. 그래서 허영심과 관련된 정보에 늘 관심을 기울인다. 성형, 미용, 쇼핑 관련 유튜브, 방송 채널, 기사를 주기적으로 구독한다.

왜 이렇게 만만치 않은 돈, 시간, 노력을 들일까? 나르시시스트는 미용과 쇼핑 전문가가 되고 싶은 게 아니다. 자기 몸뿐만 아니라 물건으로 관심을 끌고, 멋진 외모로 이목을 끌어서 세상의 중심이 된 기분을 느끼고 싶은 거다. 그것이 '특별한' 자신에게 맞는 지위니까.

자기뿐만 아니라 상대의 외모와 물건에까지 집착하고, 특별한 지위를 차지하는 게임에서 경쟁의식을 갖는다면 나르시시스트를 의심해 봐야 한다.

여섯째, 온라인에서 엄청나게 많은 친구들을 사귀기도 한다. 온라인상에서 화끈하게 폭력적인 말을 써서라도 관심을 받으려 한다. 특정인을 공격하는 말을 버젓이 올리고, 자기가 아닌 다른 사람의 멋진 사진을 올려놓고 추종자들을 모으기도 한다. 사람의 관심을 에너지로 삼는 나르시시스트는 굳이 오프라인 친구를 사귀려 하지 않는다. '좋아요' 클릭 수가 많으면 좋지만, 그렇지 않아도 개의치 않는다. 왜? 자기처럼 당당하게 의견을 말하는 특별한 사람은 많지 않다고 생각하니까. 상대가 자기를 무시한다고도 생각하지 않는다. 자기는 이미 몇 천 명의 친구를 모았으니.

부정? 일탈? 규칙은 나 말고 보통 사람에게나 줘!_직장 나르시시스트

직장 안에서 확인할 수 있는 나르시시스트의 특성을 더 자세히 살펴보자.

첫째, 모든 일을 개인적 의미로 해석하려 한다. 그래서 '우리'

보다는 '나'라는 표현을 더 많이 쓴다.

자기중심주의에 빠진 나르시시스트는 '팀 의식'이 없다. 공동 업무 처리에 대한 대화를 하면서도 상대방이나 이해 관계자들에 대한 고려가 없다.

예를 들어 회사 체육대회 경기에서 다른 직원을 이겼다고 하자. 보통의 경우라면 "재미있는 경기였어."라고 말할 것이다. 하지만 나르시시스트는 "거 봐. 감히 내게 도전하더니 꼴좋군!"이라고 소리친다. 장난이 아니라, 진심으로.

회사의 공적인 행사조차 개인적인 일로 생각해 버린다. 업무 처리에서도 자신이 늘 중심인 것처럼 말한다.

"자, 나를 위해 새로운 사업 기획안 알아서들 잘 준비하고 있지?"

팀원들이 회사를 위해, 혹은 자신의 경력 개발을 위해 그 일을 할 수도 있다. 하지만 나르시시스트는 모든 사람이 합심하여 자기를 위해서 일하고 있다고 생각한다. 그래서 선물 받을 마음으로 기다린다. 함께하는 게 아니다. 자기 선물을 자기가 준비할 수 없으니, 당당하게 기다린다. 그런 팀장이 있는 회사를 다니는 것은 스트레스다.

귀찮다는 듯 너스레를 떨어도 마음속의 나르시시즘은 여전히 심각하다.

"이런 것까지 나 없으면 일이 안 돌아가는군."

이런 사람은 모임 장소 결정 같은 사소한 사안이라도 자기를 빼놓고 다른 팀원이 결정하면 개인적 권위에 도전하는 것으로 간주해 불같이 화를 낸다.

때로는 자신의 팀원이 다른 팀, 다른 회사에서 불쾌한 일을 당하면 불같이 화를 내며 나서기도 한다.

"감히 내 팀을 건드려?"

그 모습을 보고 보통 사람은 팀원에게 숨겨진 애정이 있다고 오해한다. 아니다. 그는 팀원을 소유물로 본다. 자기가 중심인 세계에서 자기 것을 남이 함부로 건드리니 주인으로서 권리를 행사하는 것이다. '우리'가 아니라, '나'의 팀이다.

진정 애정이 있다면 부정적인 사건에만 나서지는 않을 것이다. 팀원이 빛날 수 있는 긍정적인 계기를 만들려고 뒤에서 노력할 것이다. 마치 깜짝 선물처럼. 하지만 나르시시스트에게 순수하게 남을 위한 선물 같은 건 없다. 혹여 선물을 준다 해도 선물받는 당사자가 아니라 그런 선물을 준 자신이 돋보여야 직성이 풀리는 사람이다.

둘째, 다른 사람과 이야기할 때 위압적인 태도를 보인다. 특별하다고 생각하는 자기에게 걸맞은 존재감을 확고히 하기 위해서다. 위압적인 태도는 직장 내 직급과는 상관이 없다. 세상의 중심이 자신이니까. 자기는 그래도 되는 사람이라고 생각하니까. 그리고 자기 능력에 대한 확신 때문에라도 위압적으로 말한다.

"이게 맞아요."

"이게 최고의 솔루션이에요."

"더 생각해 볼 필요가 없어요."

이런 식으로 자신 있게 항상 최고의 선택을 한다고 말한다. 그런데 그것은 어디까지나 자기 세계에서의 최고이다. 다른 사람, 더 넓은 세계와 교류해서 종합한 결과, 최고의 선택은 아니기 때문에 문제가 생길 수 있다. 하지만 그럴 때도 위압적으로 그럴 듯한 이유를 대거나, 혹은 일을 그르쳤다고 책임을 떠넘길 희생양을 찾는다.

셋째, 타인에 대한 배려가 부족하다. 누군가와 상호 작용을 한다 해도 나르시시스트는 딱히 상대가 특별해서 이야기를 풀어놓는 게 아니다. 옆에 있기 때문에 풀어놓는 것이다.

"자, 이 이야기는 좋아하지 않을 수 없을 거야."

상대가 듣고 싶어 하지 않아도 자기 이야기를 한다. 상대방의 감정 상태보다는 자신의 욕망이 훨씬 중요하기 때문이다.

나르시시스트에게 상대방은 자신과 동등한 인간이 아니라 언제든지 대체 가능한 재화다. 관심을 받기 위해 관심을 조금 주기도 한다. 그 과정에서 즐거운 시간을 보낼 수도 있다. 하지만 나르시시스트는 인간이 대체 가능하다고 생각하니까, 더 즐거운 시간을 보낼 수 있겠다 싶은 사람이 보이면 쉽게 관계 양상을 바꾼다. 또한 갑작스러운 이직, 결근, 휴가 등을 실행한다. 자신의 욕망에 충실해서 다른 사람이 받을 영향은 별로 신경 쓰지 않는다.

나르시시스트에게는 자신의 욕구가 가장 중요하고, 다른 사람들이 세상의 중심인 자신의 욕구 충족을 위해 나서 주는 게 당연하다. 즉 자신은 누구에게나 적극적으로 도움받을 권리가 있는 것처럼 행동한다.

"김 대리, 이것 좀 조사해 줘."

너무도 당연한 어조로 말해서 정말로 해 줘야 할 것 같다. 그렇게 해 주지 않으면 마치 동료 의식이 없는 사람처럼 몰아붙이기도 한다. 반대로 자신이 도와줄 의무는 없다는 식으로 행동한다. 좋은 인상에 홀려 몇 번 도와주다 보면 계속되는 나르시시스트의 뻔뻔한 요구에 기가 질린다.

넷째, 일탈 행위나 부정이 밝혀져도 오히려 당당하다. 나르시시스트는 진정 자신에겐 잘못이 없다고 생각하기 때문이다.

"부정행위? 그것도 남들이 정한 규칙에 비추어 말한 거잖아. 내가 정한 것도 아닌 규칙을 좀 깨뜨린다고 뭐가 대수야? 백번 양보해서 나쁘다고 쳐. 그래서 누가 다치기라도 했어?"

나르시시스트는 자신이 특별해서 일반적인 규칙은 따르지 않아도 된다고 생각한다. 누군가 규칙을 이야기하면 이런 말로 선을 긋는다.

"알아, 알아. 그런데 그건 나 같은 사람에게는 해당되지 않아. 대리까지는 아직 일을 배우는 단계이니 성실하게 그 원칙을 따라야지."

나르시시스트 무찌르기

나르시시스트는 상종을 안 하는 게 답이다. 하지만 회사에서는 업무가 얽혀 있어서 어떻게든 상종해야 한다는 게 문제다. 그때는 관계의 진행 정도와 직장 내 직급 차이에 따라 대응이 다르다.

첫째, 무시한다. 이것은 직급이 별로 차이 나지 않고, 관계가 많이 진행되지 않은 완전 초기에 적합한 대응 전략이다. 나르시시스트는 타인의 관심을 먹으며 산다. 늘 인정받으려, 존재감을 발휘하려 상대를 괴롭힌다. 그래서 애초에 관심을 주지 않으면 자신을 인정해 줄 다른 사람을 찾아 떠난다. 자신의 세상에서 여러분을 아예 없는 사람 취급한다. 즉 여러분을 귀찮게 하지 않는다.

둘째, 적당히 먹이를 준다. 직급 차이가 크거나, 상호 작용이 밀접할 수밖에 없다면 무시보다는 경계선을 분명히 긋고 자신을 보호해야 한다. '먹이주기'라고 할 때 떠오르는 장면 그대로이다. 반려동물을 훈련시키는 것과 똑같다. 나르시시스트가 징징거리면 원하는 것을 주면 된다. 칭찬하기, 존경심 보이기, 주의를 기울여 주기 등을 하자. 그러면 헤실헤실할 것이다. 그러나 나르시시스트가 선을 넘어 과도한 부탁을 하면 거절해야 한다. 나르시시스트가 좋게 보이고 싶어 하는 부분에 여전히 호감이 있다는 표시를 적절히 해 가면서 말이다.

"아…. 그 일은 제 능력으론 어려워요. 그런 건 능력자인 팀장님이 잘하시잖아요. 저는 괜히 일만 망칠 거 같아 걱정이에요.

그래도 시키신다면 팀장님이 핵심인 ○○○은 해 주셨으면 해요."

　이런 식으로 나르시시스트를 피하는 데 한두 번 성공했다고 해서 그들이 변했다고 생각하면 큰 오산이다. 나르시시스트는 자기 세계 속에서 사는 사람이라 외부의 자극으로 좀처럼 변하지 않는다. 이런 방법은 여러분을 공격하려고 할 때 유연하게 빠져나갈 수 있는 정도일 뿐이다.

　셋째, 사소한 것을 잡아서 끝까지 물고 늘어진다. 이 대응 방법은 나르시시스트가 여러분을 무시하거나, 자기 입장만 생각해서 무리한 요구를 하는 등 노골적으로 공격할 때 쓸 수 있다. 나르시시스트에게 그의 행동이 불합리하다는 걸 깨닫게 해서 개과천선시키는 일은 불가능하다. 나르시시스트가 여러분을 공격하지 못하게 할 수 있을 뿐이다.

　나르시시스트는 자기 능력을 과장하기 위해 자신이 하지 않았던 프로젝트, 배우지 않았던 교육, 가지 않았던 곳까지 이야기한다. 하지만 실제 경험한 것이 아니기에 아주 구체적인 사항에는 약하다. 정확하게 알지 못하는 세부 사항을 자신 있는 어조로 그럴 듯하게 밀어붙이는 것뿐이니 이 약점을 공략하면 좋다.

　나르시시스트는 어느 정도의 박학다식 수준을 넘어, 모든 것을 알고 있는 듯 행동한다. 심리학자는 이것을 '과다주장 overclaiming'이라고 부른다. 어떤 미술가, 음악가, 위인, 역사적 사건을 물어봐도 "물론 알고 있다."고 답한다. "내가 해 봐서 아는데…." 하는 식으로 이야기를 풀기 시작한다.

나르시시스트에게 끝까지 맘대로 말하도록 놔두지 말고 "그 프로젝트를 함께 했다는 김재진 변리사를 우연히 컨퍼런스에서 봤어요. 팀장님도 기억하시나요?" 하는 식으로 질문하며 공격을 시작하자.

"아, 그 사람. 오랜만에 들어 보네. 아마 충남이 고향일 거야. 똑똑한 친구인데…." 물론 김재진 변리사라는 사람이 없다는 것을 확인하고 질문해야 한다. 나르시시스트는 너무나 똑똑해서 실제로 있지도 않은 것을 알고 있다고 답하는 사람이다. 그 정체를 까발리기 위해 질문하는 것이다.

"어, 기억나지 않는데?" 이렇게 두루뭉술하게 대충 넘어가려고 해도 따져 봐야 한다.

"그때 특허 문제가 좀 꼬였다는데, 어떻게 푸신 거예요?" 유명한 프로젝트에 참여했다고 하는데, 그 팀의 특정 인물, 특정 업무, 특정 이벤트에 대한 기억이 없다면 의심해 보고, 사실을 확인한 다음 계속 공략해야 한다. 물론 나르시시스트는 또 거짓말을 해서 상황을 피한다. 이게 핵심이다. 그렇게 피하고 싶은 상황을 자꾸 만드는 여러분도 피하고 싶게 만드는 것이다. 그러다 여러분과 멀어지면 어떻게 하냐고? 그럼 목적을 달성한 것이다.

넷째, 특별함이 묻힐 수 있는 공통점을 찾아 얘기한다. 이 방법은 아주 간단하고 효과적이다. 나르시시스트는 자기가 아주 특별하다고 생각한다. 그런데 여러분이 별로 특별하지 않다는 듯 대꾸한다면?

"아, 그거 ○○○랑 비슷해." 이런 말을 들으면 나르시시스트는 불같이 화낼 것이다, 처음에는. 그런데 계속 공통점을 찾아서 이야기하면? 자기의 특별함이 묻히는 상대를 붙잡고 굳이 이야기하지 않는다. 공통점을 찾기 위해 엄청난 분석력을 동원할 필요는 없다. 실제보다 과장해서 떠벌리는 사람에게는 실제보다 과장해서 공통점을 찾아 주기만 해도 효과가 있다. 차분히 조목조목 설명하는 것은 나르시시스트가 잘하는 게 아니니. 공통점 찾기로 그의 입을 닫고, 여러분에게 마수를 뻗치는 손길을 멈추게 할 수 있다.

나르시시스트 때문에 고통받는 여러분에게

나르시시스트는 자기 포장을 잘한다. 겸손이 미덕이라는 말은 21세기 직장에서는 통하지 않는다. 좋은 평가를 받아 연봉과 인센티브를 높이려면 자기 자신과 자기가 한 일을 남들이 인정할 수 있게 잘 포장해야 한다. 취업할 때 자기소개서나 이력서를 썼던 것처럼, 직장인이라면 자기 포장에 신경을 쓴다. 하지만 나르시시스트와 비교하면 조족지혈이다. 나르시시스트는 자기 포장 능력이 정말 탁월하다.

나르시시스트는 자신이 특별하다고 믿는다. 믿는 척하는 게 아니다. 특별하게 능력 있는 자신이 어떤 일을 벌였는지 적극적으로 표현한다. 좋은 성과는 완전 과장해서 더 크게, 사소한 것도 완전 중요한 역할이었던 것처럼, 나쁜 것은 아주 사소한 문제처럼 만드는 식으로 왜곡시켜서라도 자신을 돋보이게 한다.

UC 버클리University of California, Berkeley(캘리포니아 대학교 버클리)의 심리학자 카메론 앤더슨Cameron Anderson의 2012년 연구에 따르면, 나르시시스트는 자기 포장 능력으로 실제로 더 능력 있다고 평가받아 승진 기회를 잡기도 한다. 직장생활하면서 이런 상황에 계속 노출되면 차라리 나도 나르시시스트처럼 행동하고 싶어진다. 니체의 "괴물을 좇는 자, 자신이 그 괴물이 되지 않도록 조심해야 한다."는 말이 떠오르는 상황이다.

나르시시스트가 잘나가는 것에도 한계가 있다. 물론 예외도 있긴 하지만.

펜실베이니아 주립 대학교Pennsylvania State University 경영학 교수인 아리지트 채터지Arijit Chatterjee와 도널드 함브릭Donald C. Hambrick은 CEO의 나르시시즘과 회사 성과의 관계에 대해 연구했다. 위험을 감수하고 경쟁사를 사들이거나 첨단 영역의 벤처 사업을 새로 시작할 때에는 자신감으로 밀어붙이는 게 도움이 된다. 하지만 장기적으로 사업이 안정화되면? 그 나르시시스트가 과감하게 도전해서 오히려 사업이 불안정해진다. 결국 성과는 들쭉날쭉해진다. 장기적, 결과적으로 나르시시스트 CEO는 이상적이지 않다.

회사에서는 시니어로 올라갈수록 더 세밀하게 성과를 살펴본다. 자기가 포장해서 주장하는 것 말고 실제 장기적으로 성과를 내고 있는지를 살핀다. 나르시시스트는 단기적 포장은 잘하지만 장기적 성과를 내는 데에는 한계가 있음을 회사도 잘 알고 있기 때문이다.

나르시시스트는 '조용한, 내성적인, 과묵한, 위축된, 억압된' 등과 관련된 단어보다 '확고한, 능동적인, 정열적인, 솔직한, 유력한, 열정적인' 등과 같은 단어 사용을 선호한다. 이런 긍정적 단어를 써서 자기 자신을 포장하니 상사가 더 긍정적인 평가를 내리기 쉽다. 그러나 그건 어디까지나 주로 부서 상사나 동료가 평가하고 책임이 크지 않은 주니어급까지이다.

이렇게 말해도 여러분의 머릿속에는 회사에서 아주 성공한 시니어급 이상의 나르시시스트가 떠오를 것이다. 그것은 바로 나르시시스트가 사람들의 이목을 잘 끌고 한두 번 성공한 사례가 인상적으로 남기 때문이다. 심리학자들은 이것을 '가용성 휴리스틱 availability heuristic' 현상이라고 부른다. 가용성 휴리스틱이란 이미지가 머릿속에 잘 떠오른다는 이유로 그 일이 실제 더 자주 일어난다고 믿는 현상을 말한다.

언론인 말콤 글래드웰Malcolm T. Gladwell은 훌륭한 조직은 슈퍼스타들의 집합이 아니라, 함께 일할 수 있는 개인들로 이루어진 훌륭한 팀이라고 주장한다. 나르시시스트는 팀을 만들기는커녕 팀을 깨뜨린다. 이것을 조직도 알고 있다. 나르시시스트인 경영자도 다른 나르시시스트를 좋아하지는 않는다. 조직을 제대로 지탱하고 이끌 사람을 좋아한다. 주니어에서 더 성장해 시니어로서 조직이 진정 필요로 하는 리더가 되려면 나르시시스트를 역할 모델이 아닌 반면교사로 삼아야 한다.

왜 이런 당부를 하냐고? 물론 많은 사람들이 나르시시스트를 싫어한다. 하지만 '미워하면서 닮아 간다'는 말이 있다. 나르시시스트가 나쁜 행동의 기준점을 높여 놓기 때문이다.

'아, 저 사람은 저렇게 하는데, 내가 이 정도 하는 건 아무것도 아니지.'

이게 바로 여러분을 스트레스받게 하고, 답답하게 하는 것 이외에, 나르시시스트가 여러분 인생에 끼치는 가장 큰 해악이다. 자기도 모르게 나르시시스트를 닮아 가는 것.

나르시시스트와 함께 있으면 즐거울 때도 있다. 하지만 그것은 순간이다. 더 많은 시간을 그의 노예처럼 지내야 한다. 노예가 되지 않으려면 싸워야 한다. 나르시시스트가 여러분 삶에 큰 비중을 차지하지 않도록 몰아내야 한다. 이 책에서 소개한 대응법으로 마음속에서부터 거리를 두고 여러분 자신을 지켜야 한다. 그러면 여러분은 좋은 역할 모델의 시니어가 되어 있을 것이다.

"양심? 그게 뭐야? 나를 만족시키는 건 오직 흥분뿐!"

사이코패스 나쁜 놈

키워드: 지배, 자극(흥분), 충동, 욕망, 냉담

- 사무실에서 소리 지르고 분노를 쉽게 표현하는 놈
- 잘못을 하고도 양심의 가책을 느끼지 않는 놈
- 매사에 냉담하고 남이 말하는 것에 공감하지 않는 놈
- 처음에는 과하게 잘해 주더니 갑자기 돌변하는 놈
- 책임감 없이 약속을 자주 깨는 놈
- 자제력이 없고 흥분되는 일을 충동적으로 벌여야 직성이 풀리는 놈

사례 **나는 덫에 걸린 사냥감에 불과했다**

L은 석사 졸업 후 또래 지인들과 IT 콘텐츠 서비스 벤처를 창업했다. 선배 인맥을 써서 몇 개월 만에 여러 미디어에 노출도 되고 큰 IT 행사에도 참여해서 뭔가 대박이 터질 듯했다. 하지만 실제로 돈을 벌지는 못했다. 기대가 크면 실망도 큰 법. 2년 차에 돌입하자 과도한 업무량에 심신 모두 방전되었다.

그 무렵 코스닥 상장 IT 솔루션 업체에서 스카웃 제의가 왔다. 사업 확장으로 자회사를 만드는데 기획팀장으로 모신다며 흡족할 만한 연봉 조건도 내걸었다. 사장은 본사에서 정했지만, 다른 팀장과 동료를 뽑을 수 있는 권한까지 준다는 말에 고민이 사라졌다. 첫 회사처럼 열정만 있는 게 아니었다. 투자까지 확실한 창업을 하는 심정으로 재빨리 이직했다.

K사장도 L을 좋아했다. 능력 있는 사람이 인정해 주니 신이 나서 더 열심히 일했다. 하지만 4개월 만에 사정이 달라졌다. L은 K사장을 볼 때

마다 스트레스를 받았다. 처음에는 롤 모델로 삼을 만한 사람이라고 생각했다. 능력 있고, 당당하고, 말도 잘하고, 거의 모든 일에 해박한 지식과 경험을 갖고 있었고, 무슨 일이든 용기 있게 달려들었다. 그러면서도 처음부터 오픈 마인드로 먼저 다가와 대화하고, 세심하게 다정다감한 말도 건네고, 업계뿐만 아니라 다양한 분야의 멋진 사람들과 많이 알고 지내고 있고.

회사에서 인정받고 인간관계도 좋은 K사장처럼 되어야겠다고 다짐했다. K키드라고 불릴 때마다 자부심마저 느꼈다. 하지만 4개월이 지나자 K와 엮이는 것조차 경기가 날 정도가 되었다.

K사장은 충동적으로 프로젝트 방향을 바꾸거나, 무모하게 일을 벌이고, 문제가 생기면 L 탓을 했다.

"책임지겠다고 해서 이번 분기 사업을 믿고 맡겼던 결과가 이거야? 내가 당신 같은 사람 한번 키워 보겠다고 함께 일하느라 얼마나 스트레스 받는지 알아?"

L은 입이 쩍 벌어졌다. 애초 K사장 자신이 기획을 지시하고, 기획 보고서도 그의 코멘트대로 수정했다. 또한 사소한 사항까지 변덕스럽게 바꾸는 결정까지 따랐다. 하지만 결과는 적반하장. 바로 L이 무책임하게 일을 벌인 사람이 되고 말았다.

예전의 다정다감했던 모습은 사라졌다. 벼랑 끝까지 밀어 버릴 기세로 몰아붙였다. 실수를 인정하고, 시정을 다짐하고, 구체적인 대응 방안을 말하고, 인간적으로 사정해도 소용없었다. K사장은 냉담하게 이야기를 듣다가 화만 냈다.

그러다가도 다른 새로운 팀원, 외부 거래처 직원 앞에서는 또 잘해 주기도 했다. 다정다감. 좋은 리더. 예전에 매력적이었던 바로 그 사람이었다. 그러던 어느 날 "요즘 내가 좀 무심했지. 다시 잘해 보자고." 하는 그의 말이 하늘에서 내려오는 동아줄처럼 느껴졌다. 그 동아줄을 꽉 잡았다. 일부러 거리를 두려고 했던 태도를 바꿔서 더 자주 접촉하며 긍정적인 모습을 보여 주려고 노력했다. 그러나 동아줄은 하늘로 올라가는 출구가 아니라, L을 옭아매는 덫이 되었다.

"어떻게 한 달 된 신입 사원보다도 일을 더 못해? 창피하지도 않아?"

처음에는 자기가 오해한 것이고, 더 노력하면 다시 인정받고 더 관계가 좋아질 것이라고 생각했다. 비 온 뒤에 땅이 굳는다는 말도 있지 않는가.

'나에게 실망했다는 건 그만큼 기대를 품었다는 증거야. 처음 그때처럼 열심히 해 보자.'

L은 이렇게 마음을 다잡았다. 인간적으로도 더 납작 엎드렸다. 하지만 소용없었다. 그로부터 일 년 동안 K사장은 계속 천둥과 벼락을 때렸다. L이 흘리는 눈물과 땀으로 일상은 질척거리다 못해 늪처럼 느껴졌다. 이직만이 답인가 싶었지만, 평소 K사장이 자랑했던 넓은 인맥을 생각하면 엄두가 나지 않았다. 자기가 면접 봐서 뽑은 다른 팀장, 팀원들은 K사장을 무서워하거나 좋아해서 L을 도와줄 의사가 없었다.

자려고 누워도 잠이 오지 않았다. 천장이 뚝 떨어져 가슴을 짓누르는 듯했다.

'난 왜 이런 사이코패스에게 당하는 걸까.'

자책의 시간을 무겁게 가졌다. 증오의 시간도 가졌다. 그래도 달라지는 게 없었다. 눈물이 하염없이 흘렀다. 실력 부족이라면 그나마 인정하고 돌아설 수 있을 텐데, 다른 사람의 못된 성격 때문에 자기 커리어가 끝장난다는 느낌을 떨쳐 버릴 수가 없었다. 자기 인생이 시궁창으로 떨어지는데도 정작 할 수 있는 게 별로 없다는 사실에 더 미칠 것 같았다.

반사회적 성격 장애_사이코패스의 정체

여러분은 어떤 사람이 사이코패스인지 알고 싶다. 그에 대해 답하기 전에 묻고 싶은 질문이 있다. 앞에서도 줄곧 해 왔던 질문이다.

"사이코패스는 자신이 사이코패스인 줄 알까?"

이 질문에 대한 여러분의 답은?

"아유, 자기도 모르니까 그렇게 막 행동하는 거지, 알면서 그러면 그게 인간이야? 인간이 그럴 순 없지."

이렇게 답한다면 여러분은 사이코패스를 아직 모르는 거다.

사이코패스는 자기가 사이코패스인 줄 안다. 왜? 자라면서 경험을 통해 깨닫게 되니까. 색맹인 아이가 사회의 다양한 자극을 경험하며 시간이 지날수록 자기가 색맹인 것을 깨닫게 되는 것처럼.

사이코패스는 아주 어렸을 때부터 다른 아이가 원하는 것에 그다지 관심이 없고, 다른 아이가 느끼는 것을 느끼지 못하는 경험이 쌓인다. 청소년기에 이르면 수많은 사례를 통해 자신이 사이코패스라는 것을 알기 시작한다(참고로 사이코패스 확정 진단은 18세 이상이 되어야 할 수 있다. 그렇다고 그전에는 사이코패스 성향이 없다는 게 아니다. 갑작스러운 상황 변화, 호르몬의 영향 등으로 이상 행동을 하는 정상 청소년도 있기 때문이다).

이렇게 말했지만 청소년기에 이른 사이코패스가 검사 결과지를 본 심리학자처럼 "아, 나는 반사회성 성격 장애자인 사이코패스군!"이라고 자가 진단한다는 뜻은 아니다. 적어도 자기가 다른 사람과 다르다는 것을 안다. 그래서 화끈하게 자기답게 행동한다. 그러다가 사회에서 철퇴를 맞아 사회와 격리되기도 한다.

그런데 사이코패스 중에는 그 성향이 약한 사람도 있다. 어릴 때는 아직 자기 욕망을 바로 충족시킬 만큼 힘이 강하지 않다는 현실을 일단 받아들인다. 그래서 몰래 동물을 잔인하게 학대하기도 하지만, 다른 사람 앞에서는 정상인 것처럼 사회에 녹아드는 방법을 학습한다. 자신을 사회의 틀에 끼워 맞추기 위해 다른 사람의 행동과 말을 따라 한다. 그래서 성인이 되어 직장에 들어올 정도 되면 다른 사람을 감쪽같이 속일 수 있는 전문가가 된다.

자, 감이 오는가. 이미 정상인 척하는 데 전문가인 사이코패스를 여러분이 상대해야 하는 것이다. 전문가하고는 시간을 끌어봐야 손해다. 초기에 그의 먹잇감 리스트에 오르지 않게 조심하는 게 최선이다. 사이코패스는 스스로 자신이 힘이 강한 포식자라고 생각하고, 다른 사람을 피식자로 생각한다. 인간관계의 상

3장 "양심? 그게 뭐야? 나를 만족시키는 건 오직 흥분뿐!"

호 작용을 사냥으로 본다. 그래서 여러분이 사냥감으로 적합하지 않다고 여기게 되면 바로 다른 사냥감을 찾아 떠난다.

왜? 사이코패스는 '충동적'인 게 가장 큰 특징이다. 참을성이 많지 않다. 사냥을 해야만 직성이 풀리니 처음엔 여러분을 타깃으로 했어도 잘 잡을 수 있을 때까지 진득하게 기다리질 못한다. 세상에는 자기가 사냥할 먹잇감이 많다고 생각하니 초기에 건드렸다가 아니다 싶으면 사냥감을 바꾸거나 아예 사냥터를 옮긴다. 즉 직장 내 타깃을 바꾸거나 직장 자체를 바꾼다. 그래서 초기에 타깃이 되지 않거나 되었더라도 빨리 벗어나는 게 중요하다.

양심과 공감이 결여된 충동, 흥분, 연기…_사이코패스의 특징

여러분을 괴롭히는 사이코패스의 일반적 특성을 더 자세히 살펴보자.

첫째, 욕망에 충실하다. 한마디로 말해 충동적이다. 그래서 인내심을 갖고 미래를 기다리기보다는 현재에 더 많이 집중한다. 자신이 나중에 받을 수 있는 사회적 처벌도 별로 신경 쓰지 않는다. 현재에 집중하는 것이 그들의 약점이다. 그래서 사이코패스는 장기 목표를 말할 때 추상적이다.

사이코패스는 자신이 모든 것을 통제할 엄청난 능력을 갖고 있다고 믿는다. 그래서 미래를 이야기할 때도 비현실적으로 거대한 목표를 말한다. 현실적으로 밟아야 하는 단계는 무시한다.

예를 들어 지금 직장생활을 하고 있는데도 창업만 하면 엄청난 성공을 거둘 수 있다고 호언장담한다. 창업 자금을 모으기 위해 걸리는 시간, 위험 요소 확인 등을 무시한다. 그리고 성공한 모습을 묘사할 때도 세부 사항이 많이 빠져 있다. 현재의 욕망 충족에 신경 쓰느라 별로 생각해 보지 않았기 때문이다.

또한 충동적이라 앞뒤 재지 않고 원하는 걸 당장 취하려 혈안이 되어 있으니 문제를 만들 수밖에 없다.

둘째, 위험과 흥분 상태를 좋아한다. 주로 불법 행동이 위험하고, 흥분을 느끼게 하니 사이코패스는 반사회적인 선택을 한다. 그리고 똑똑한 자신은 잡히지 않을 거라 여기며 점점 더 과감해진다. 과거와 현재에 위험한 일을 수시로 벌인 것을 자랑하는 사람이라면? 그것에 대해 죄책감을 느끼지 않고 후회하지도 않는다면? 다른 사람에게 싸움이라도 걸어서 흥분하고 싶어 한다면? 이것은 가만히 명상하거나 독서하는 것을 도저히 참을 수 없어 일을 벌이는 수준을 넘어서는 행동이다.

사이코패스는 더 쉽고 빠르게 흥분하기 위해 약물에 손을 대기도 한다. 이런 정황이 있다면 일단 거리를 두려고 노력해야 한다. 관계 초기에는 아직 확실한 자기 사냥감이 아니기에 사이코패스도 상대를 지켜보며 가급적 좋은 인상을 주기 위해 노력한다. 정상인인 척하면서. 그 상호 탐색 시간을 길게 가져가는 것도 좋은 방어 전략이다.

셋째, 사람을 진심으로 대하지 않으니 인간관계가 좋지 않다. 사냥을 하듯 상대를 취해 욕망을 채우고, 버린다. 그래서 단기적으로 만나는 사람은 많지만 장기적인 인간관계는 없다. 자기가 주장하는 친구 말고, 실제로 바로 약속을 잡았을 때 나와 주는 오래된 친구가 있는지 확인해 보자.

여러분이 정보를 구하는 것처럼 애경사를 어디에서 했는지, 오래된 친구가 얼마나 있는지 묻는 것도 방법이다. 거짓말로 둘러댈 확률이 높다. 그래서 같은 질문을 일주일 후에 다시 해서 대조하면 된다. 충동적이어서 그때그때 생각나는 대로 말하기 때문에 앞뒤가 맞지 않을 것이다.

넷째, 상대의 마음을 얻기 위해 가장하는 것에 능하다. 상대가 빨간 차를 좋아한다면 충동적으로 자기도 좋아한다고 말하고, 나중에 다른 사람이 파란 차를 좋아한다면 자기도 파란 차를 좋아한다고 말한다. 그 정도는 분위기를 맞추기 위한 사회적 기술이라고 생각할 수도 있다. 하지만 굳이 거짓말을 하지 않아도 되는 영역까지 꾸미는 것에 주목해야 한다.

사이코패스는 공감 자체가 안 되니 모든 게 계산적이다. 그러나 진술한 느낌까지 계산할 수는 없다. 그래서 사소한 것까지 다 가장한다. 오죽하면 숨 쉬는 것까지 사기라는 말이 있겠는가.

자신이 좋아하는 것, 경험했던 것, 하고 싶은 것에 대한 이야기가 계속 바뀐다면 사이코패스를 의심해야 한다. 사이코패스는 진실을 가장해야 하기 때문에 말을 잘한다. 그래서 매력 있다. 사기꾼처럼.

사이코패스는 상대의 마음을 얻기 위해 거짓말만 하는 게 아니다. 때론 과도한 친절을 베푼다. 굳이 하지 않아도 되는 일까지 일부러 하기 때문에 참 좋은 사람이라고 오해하기 쉽다. 관계 초기에는 선물을 주기도 하고, 적응기라면서 업무 시간에 휴식을 취하게도 해 준다. 다른 사람 앞에서 상대를 과도하게 칭찬해서 돋보이게 해 주기도 한다. 나르시시스트라면 절대 하지 않을 행동이다. 그러다가 상대가 감동을 받으면 슬슬 본색을 드러낸다.

이렇다 보니 사이코패스와의 인간관계는 초기에 아주 좋고, 뒤로 갈수록 지옥이 되는 패턴이다. 그러니 초기에 사이코패스란 걸 알아보고 피하는 방법이 가장 좋다. 그래서 힘들어도 탐지에 신경을 써야 한다.

다섯째, 죄책감이 없다. 사이코패스는 양심이 없다. 선악의 기준이 없다 보니 죄책감도 느끼지 않는다. 2013년 영국 킹스 칼리지 런던King's College London 정신의학연구소의 나이젤 블랙우드Nigel Blackwood 박사의 연구에 따르면 사이코패스는 판단력 및 공감 능력과 관련된 전두피질과 측두극의 회백질 양이 매우 적다고 한다. 2018년 서울대학교 의과 대학 권준수 교수의 연구에 따르면, 판단력과 관련된 전전두피질도 일반인과 비교했을 때 15% 수준일 정도로 차이가 크다.

죄책감이 없으니 자신의 잘못으로 남들이 피해 본 것에 대해 미안해하고 이를 교훈 삼아 다시는 그런 잘못을 저지르지 않으려고 노력하지 않는다. 지속적으로 뻔뻔하게 남들을 괴롭히고 피해를 준다. 사이코패스가 고개를 숙이며 죄책감을 느낀다고 말한다 해서 실제로 죄책감을 느끼는 건 절대 아니다. 계획적으로 범죄를 저지르고 당당하게 인터뷰에 나서는 사이코패스 연쇄살인마만 죄책감을 느끼지 않는 게 아니다. 직장에서 만나는 사이코패스도 마찬가지로 죄책감 없이 반복적으로 다른 사람을 괴롭힌다.

여섯째, 감정을 제대로 느끼지 못한다. 즉 감정적 사건에 냉담하다. 그래서 첫째와 둘째 특성에 부합하는 무자비한 일을 충동적으로 저지를 수도 있다.

감정적인 사건은 다양하다. 슬픈 일, 기쁜 일, 즐거운 일, 웃긴 일, 한심한 일, 부끄러운 일 등 그 단어를 떠올리는 것만으로도 움찔할 일들이 세상에 가득하다. 그런 일들에 대해 사이코패스는 진실로 느끼지 못하기에 대화를 하다 보면 억지로 끼워 맞춘 어색한 이야기만 늘어놓게 된다. 그래서 사이코패스가 관계 초기에 내뿜는 거짓 매력에 정신 팔리지 않도록 경계하면서, 조금만 냉정하게 살펴봐도 사이코패스 여부는 금방 알아차릴 수 있다. 감정적인 사건에 대해서 사이코패스가 하는 말을 꼼꼼하게 살펴보는 게 도움이 된다.

"살면서 후회되는 일이 있으셨나요?"

이런 질문은 웬만큼 친해지지 않고서는 건네기 힘들다. 하지만 직장인으로서 다음과 같은 질문은 던질 수 있다.

"직장 다니시면서 제 연차 때 후회되는 일이 있으셨나요?"

진짜 없어서 없다고 할 수도 있다. 하지만 여러분은 안다. 직장이라는 곳에서 인간관계든 업무든 후회할 일을 저지르게 된다는 것을. 후회는 감정적으로 벌인 사건에 대해 이성적으로 판단하게 되면서 생기는 감정이다.

프로젝트를 제대로 완수해서 회사에서 '인정받고 싶은 마음'에 도전했는데 지식과 기술 부족으로 오히려 '좋게 평가받을 수 있는 기회를 잃었다'는 생각이 들면서 생기는 감정이 후회다. 팀원을 '살갑게 챙기며 잘 지내고 싶어서' 잔소리를 했는데, 팀원이 이직하면서 팀장님 잔소리 때문에 떠난다는 말을 전해 들으면 괜히 충고했다는 생각이 들면서 느끼는 감정이 후회다.

감정적인 사건 안에 감정이 충분히 드러나지 않고, 이성적인 분석만 가득하고, 그것도 자기 변명에 가까운 말로 채워진다면 사이코패스가 아닐까 의심해야 한다. 초탈해서가 아니라, 인간의 감정에 냉담하기 때문에 공감하는 이야기를 지어내기 힘들다. 지어내도 어색하다. 무뚝뚝한 사람도 답답하면 자기 가슴을 친다. 3인칭 시점의 영화 비평처럼 냉담하게 술술 이야기하지 않는다.

일곱째, 공감 능력이 없다. 앞에서 말했듯이 사이코패스는 흥분을 제외한 감정을 느끼지 못한다. 느끼지 못하니 다른 사람들이 느낀다는 그 감정이 어떤 건지 알 수가 없다. 느끼는 척 흉내 내는 것뿐이다. 흉내는 진정한 공감이 아니다. 흉내는 어색하다. 실제로 느끼지 못하니 매번 학습된 같은 패턴의 반응이 나온다.

"아, 힘들겠다." 혹은 "안타깝구먼." 하는 식으로 건성으로 반응한다.

혹은 더 숙련된 전문가라면 다른 사람의 목소리를 흉내 내는 성대모사 연기처럼 실제보다 더 과장해서 맛깔나게 표현한다.

"나라면 정말 한순간도 버티지 못했을 거야."

엄청난 공감에 반가워할 게 아니다. 그게 사이코패스의 덫이다. 사냥감이 마음을 놓게 한 다음 다가가려고 수작을 거는 것이다. 감정 표현이 너무 과하거나, 너무 틀에 박혀 있으면 의심을 해 봐야 한다.

사이코패스는 예기치 못한 상황에서 상대가 감정적으로 호소하면 어쩔 줄 모른다. 그게 뭔지 모르니까. 그래서 이렇게 포장한다.

"내가 좀 무심한 성격이라 그래."

이게 첫 번째 탐지 포인트다. 예전에 상대의 입장에서 느끼는 척 감정 표현을 했던 사람이라면 상대가 감정을 토로하기 전에 먼저 살필 줄도 알아야 한다. 하지만 사이코패스는 그런 게 없다.

특징이 너무 많다고? 그렇다면 세 가지만 기억하자. 충동, 흥분, 냉담! 이게 핵심이다.

제발 도와주세요! 제가 피해자입니다_직장 사이코패스

직장 안에서 확인할 수 있는 사이코패스의 특성을 더 자세히 살펴보자.

첫째, 충고나 조언을 받아들이지 못한다. 사이코패스는 자기를 우월한 포식자라고 생각한다. 그런데 다른 사람이 조언을 해 주면? 자기 우월성에 대한 도전으로 받아들여 민감하게 반응한다. 그냥 속으로는 '뭐, 이런 조언을 해 주나?' 하면서도 겉으로는 "도움되는 말씀 감사합니다."라고 하며 그냥 넘어가지를 못한다.

그 자리에서나 나중에라도 조목조목 이유를 들어 가며 이전에 들었던 조언을 강하게 되받아치거나 '일부러 창피 주려는 의도' 아니냐며 따진다.

충고를 받는 입장이 아니라 충고를 하는 입장일 때에도 공격적이다. 예를 들어 회사에서 객관적인 조사를 위해서 '업무상 예상되는 어려움을 쓰라'고 하면, 다른 사람을 헐뜯는 내용을 채워 넣는다. 업무에 대한 질문임에도 자기 욕망이 강하기 때문에 분별하지 못하고 사람에 대해 답하고 마는 것이다.

사이코패스에게 세상은 지배와 통제의 공간이다. 업무도 누군가를 지배하고 통제하기 위한 수단이다. 그래서 업무에 신경을 쓰는 것뿐이다. 업무 자체를 좋아하거나, 누군가의 인정이 필요해서가 아니다. 오히려 업무를 싫어한다. 연구자 구겐불 크레이그Adolf Guggenbuhl-Craig가 저서 『The emptied soul: On the nature of the psychopath』에서 주장한 것처럼, 부서를 바꾸고 팀원을 바꿔도 사이코패스는 업무 자체를 좋아하지는 않는다. 오로지 사냥에 더 몰입하고 싶어 한다. 그러니 험담을 해서라도 다른 사람을 더 지배하고 통제할 기회를 놓치지 않으려 한다. 직장에서 생길 수 있는 업무상 어려움에는 주변 시장의 변화, 미래의 불확실성, 관련 업계의 변수, 자기 자신의 문제 등도 있는데 그런 건 쏙 빼고 타인에 대한 이야기로만 채운다면 의심해 봐야 한다.

공식적 조사서에서만 남의 험담을 하는 게 아니다. 악의적 소문을 퍼뜨려서라도 사냥을 더 쉽게 하려고 한다. 그 소문으로 당사자가 연약함을 드러내는 것도 자신이 더 우월하다는 증거가 될 수 있기 때문이다.

둘째, 업무를 교묘하게 조작한다. 사이코패스는 사냥감을 꾀려고 능력 있는 척한다. 하지만 자기가 목표물로 삼은 사람과 함께 작업해야 하는 경우에는 의도적으로 태업을 하기도 한다. 능력 있는 사람인 자신과 한 팀이 되었는데도 성과를 잘 내지 못할 정도로 목표물의 능력에 문제가 있다는 소문이 날 수 있도록 말이다. 그 사람이 사이코패스가 태업하는 거라고 하면 거짓 핑계를 대는 것으로 조작한다.

목표물이 상사라면 사이코패스는 그의 지도력에 한계가 드러나도록 교묘하게 방해한다. 곤란한 질문을 하거나 위기 대응 매뉴얼이 필요하다며 대안을 검토하자는 등 프로젝트가 원래 계획대로 진행되는 걸 방해한다.

목표물이 후배라면 그가 잘 해결할 수 없는 일을 배분하고, 일이 잘못되면 스스로 하고 싶다 해서 믿고 맡겼는데 무책임하다며 거짓말로 누명을 씌운다. 이 모든 게 자신에게 잘 보이지 않으면 피해를 본다는 인식을 퍼뜨리고, 직장이라는 사냥터에서 자기 존재감을 확고히 하기 위해서이다.

셋째, 태세 전환이 빠르다. 사이코패스는 포식자로서, 자신이 강자임을 내세우는 걸 중요시한다. 그게 자기 욕망을 충족시키기 더 쉬우니까. 하지만 상황이 부정적으로 흐르면 바로 태세를 전환해 '약자 코스프레'를 하기도 한다. 예를 들어, 원래 공언한 대로 프로젝트의 성과가 나오지 않으면 남 탓을 한다. 그런데 그게 자기 책임인 게 들통나면?

"제가 잘못했습니다. 깨끗이 인정하겠으니 새로 시작할 수 있도록 도와주세요."

한껏 불쌍하게 고개를 조아린다. 심지어 무릎을 꿇기도 한다. 알겠지만, 이는 진정한 사과가 아니다. 죄책감을 느끼지 못하는 사이코패스는 현재의 위기에서 벗어나기 위해 후회와 사죄의 감정을 가장한다. 이것을 사이코패스의 '동정 연극'이라고 한다.

이게 문제다. 사이코패스의 태세 전환은 싸움의 지형을 바꾼다. '약자의 도움을 뿌리치면 나쁜 놈'이라는 도덕 의식을 갖고 있는 보통 사람들은 납작 엎드려 가련해 보이는 사이코패스를 동정하고 도와주려 한다. 이게 바로 사이코패스가 원하는 바이다. 사이코패스는 기회를 엿보다 또다시 태세 전환을 해 여러분을 통제하고 강자로서 군림할 것이다. 동정 연극이 끝나고 나면 다시 사냥이 시작된다.

정치가들 중에도 자기가 벌인 일로 피해를 입은 분들께 죄송

하다고 사과하고, 시간이 좀 지나면 다시 뻔뻔하게 행동하다 오히려 자기가 피해자인 것처럼 구는 사이코패스가 있다. 자기가 잘못하고서 '도와주세요'라고 하는 사이코패스 사장이나 팀장, 직원도 있다. 사실 이건 '도움받을 일'이 아니라 '책임질 일'이다. 죄책감이 없으니 그런 말이 나오는 것이다. 그는 변하지 않았다. 여전히 기회를 노리는 사이코패스다.

보통 사람들도 실수를 한다. 그 실수에 책임지는 모습을 보이면 도와줄 마음도 생긴다. 하지만 사이코패스는 최종 결과물을 지금 당장 얻고 싶어 한다. 충동적이라 과정을 참아 낼 수가 없다. 자기의 요구를 들어주지 않는 상대에게는 죄책감을 유발시키기도 한다.

"내가 이렇게까지 하는데 인간적으로 그렇게 나오면 안 되지."

이렇듯 생각의 중심이 여전히 자기라는 것을 잊지 말자. 사회적 관계를 신경 쓰지 않는 이기심은 사이코패스의 기본 특징이다.

지금까지 내용을 보면서 여러분은 직장 내에서 사이코패스 아닌 사람이 없다고 걱정할지도 모른다. 아니다. 지금까지 말한 특성 중 어느 하나만 어느 한 시기에 보였다고 해서 모두 사이코패스인 건 아니다. 한 사람이 이런 여러 특성을 지속적으로 보였을 때 의심해야 한다.

넷째, 공과 사를 가리지 않고 통제하려고 한다. 사이코패스는 상사로서 업무를 지휘하려는 수준에서 멈추지 않는다. 사람을 통제하려 한다. 공적인 일에서는 사소한 부분까지 자기 말대로 이행했는지 확인한다. 지시한 교통수단을 타고 갔는지, 제휴 업체를 방문했을 때 자기가 예시로 들었던 멘트를 했는지 등등. 만약 점심시간에 따로 나가서 가족을 만나고 왔다면 어떤 일로 만났는지 꼬치꼬치 캐묻는다. 휴대폰 액정에 자신이 모르는 사람의 이름이 떠도 누군지 물어본다. 후배나 선배를 회사 로비나 길에서 우연히 만나 즐겁게 이야기 나누는 모습을 봤다면 어떤 사이인지 묻는다. 이런 행동 때문에 초기에는 사이코패스가 여러분에게 특별히 관심 있다고 오해하기 쉽다. 이런 행동은 세심한 관심이 아니다. 통제를 위한 것이다.

사이코패스 무찌르기

어떤가? 사이코패스의 특성을 보니, 만만치 않은 상대이지 않은가? 그럼 피해야 한다. 적어도 피할 계획을 세워야 한다. 여러분의 손해를 최소화하며 팀을 옮기거나 이직할 생각을 하는 것도 좋다. 혹은 그럴 각오로 사이코패스의 정체를 드러내는 자료를 준비해서 인사팀장이나 상사에게 보낼 수도 있다.

   물론 인사팀장이나 상사, 사장이 모두 사이코패스라면 보내도 소용없다. 이런 경우라면 미국의 사회심리학자인 진 트웬지 Jean M. Twenge 박사도 회피 방법을 권했다.

첫째, 거리를 둬라. 둘이 있는 상황을 최소화하자. 눈에 보이지 않으면 마음에서도 멀어진다. 이것은 애정 관계에만 해당하는 명제가 아니다. 적대 관계에서도 마찬가지이다. 더구나 적이 충동적으로 먹잇감을 찾는 사람이라면 더더욱.

힘들겠지만 초반에 버티면 사이코패스는 건드리지 않는다. 만약 관계가 이미 많이 진행되어 사이코패스의 싸움터 영역에 들어갔다면 다음 전략을 활용해 보자.

둘째, 물적 증거를 확보하라. 사이코패스는 언변이 뛰어나다. 그럴 듯한 말을 꾸며 내는 것에 능하다. 제3자를 앞에 두고 대질 심문 하듯이 한다면 말을 더 잘하는 사이코패스가 이길 확률이 높다. 그래서 그가 했던 말을 녹취하거나, 그가 쓴 보고서, 결재 문서 등을 카피해서 따로 모아 놓고 위기의 순간에 그의 허점을 증명하는 반격 무기를 들이밀어야 한다. 사이코패스와 정면 승부하는 데 쓰라는 게 아니다. 사이코패스의 임명권자에게 보여 주기 위해서이다. 사이코패스의 조작으로 여러분이 궁지에 몰렸을 때 반격할 수 있다. 혹은 그 무기를 꼭 쓰지 않더라도, 비밀 무기를 갖고 있다는 마음 자체가 사이코패스의 공격에서 버틸 수 있는 힘을 주기도 한다. 심리적 부적처럼.

단, 녹취를 할 때에는 자신의 목소리도 들어가야 한다. 상대의 목소리만 들어가면 도청에 해당되어 역공격을 당할 수 있다.

셋째, 간단하고 힘 있게 대답하라. 사이코패스는 두려움에 떨고 있는 사람을 조종하기가 훨씬 더 쉽다는 것을 아주 잘 안다.

그래서 갑자기 화를 내거나, 따돌림을 조장하거나, 신체적 위협을 가하거나, 자신의 권력으로 어떤 조치를 취하겠다고 을러메며 협박한다. 정상인이라면 당연히 두려움을 느낄 수밖에 없다. 하지만 이를 다 표현해서는 안 된다. 느끼지만 짐짓 무덤덤한 척하려고 노력해야 한다. 오히려 더 기분 좋은 척하라는 게 아니다.

"네, 알겠습니다."

고개를 숙이고 억지로라도 목소리에 힘을 주어 이렇게 말하는 정도면 된다.

두려움에 눈을 좌우로 굴리고, 입술을 깨물고, 떨리는 목소리로 더듬거리는 모습을 보이면 안 된다. 특히나 사람은 두려우면 아무 말이나 늘어놓는 경우가 있다. 또 방어해 보겠다고 자기변명을 늘어놓게 되기도 한다. 그게 사이코패스를 더 흥분시킬 수 있다. 사이코패스가 그토록 좋아하는 흥분.

사이코패스가 흥분했을 때는 짧고 반복적인 반응이 가장 좋다. 말을 주고받으며 더 흥분하게 자극하지도 말자. 혹시라도 흥분을 빨리 가라앉히겠다고 그 의견에 동의하지도 말아야 한다. 그 의견을 연료 삼아 흥분하고 있는데 또 연료를 제공하는 꼴이 된다.

"네, 알겠습니다."

"네, 알아보겠습니다."

이 정도면 된다. 내가 지금 당신의 말을 듣고 있다는 표시로 충분하다. 약속이나 후회, 죄책감이나 변명을 담지 않아 더 꼬투리를 잡을 수 없는 말. 처음에는 흥분하다가도 이런 말을 들으면 연료가 새로 채워지지 않아 그만두는 시간이 빨라진다.

무엇보다 사이코패스는 자신의 지적 능력이 다른 사람보다 더 뛰어나다고 생각한다. 다른 사람은 당연히 뛰어난 자기 생각을 따라야 한다고 여긴다. 자기를 따르게 하려고 감정을 조작하고, 거짓말을 하고, 잘해 주기도 하고, 두려움을 가지게도 하는 것이다. 사이코패스는 당신이 이견을 내지 않고 '알겠다'고 해 주는 걸 좋아한다. 그 말밖에 못하냐며 화를 내도 결국 사이코패스가 듣고 싶은 건 '알겠다'는 말이다. 더 많은 말을 할 필요가 없다.

대응 전략의 기본은 하지 말아야 하는 것은 하지 않고, 해야 하는 것은 우선적으로 실행하기이다. 사이코패스가 원하는 대로 납작 엎드리려고 '알겠다'고 대답하는 게 아니다. 사이코패스가 지배욕을 갖고 더 비집고 들어오기 전에 방벽을 쌓듯이 선명하게 선을 긋고 거리를 두는 전략이다. 즉 동의하기가 아니라, 선 긋기가 핵심이다. 사이코패스가 좋아하는 흥분에 빠지지 않게 간결하고 힘 있게 대답해서 손쉬운 타깃이 아님을 보여 주자. 그렇게 시간을 벌다 보면 사이코패스는 자극을 추구하는 성향상 다른 타깃으로 관심을 돌리게 될 가능성이 커진다.

사이코패스 대응법을 소개하면서 작가로서 답답했다. 시원한 복수극처럼 사이코패스를 패가망신 시키고 개과천선하게 만들 방법이 아니기에 실망할 독자가 떠올라서였다.

방법이 아예 없는 건 아니다. 여러분이 사이코패스의 주치의라면 리튬Lithium을 주사해서 흥분과 공격성을 낮출 수도 있다. 사이코패스를 전담하는 상담가라면 인지행동수정치료CBT, Cognitive Behavior Therapy로 그의 언행을 수정할 수도 있다. 하지만 일반인이 실행할 수 있는 방법은 많지 않다.

암을 수술하는 방법이 있지만, 일반인이 직접 개복 수술을 할 수는 없는 것처럼 사이코패스를 교정할 방법이 있어도 전문가가 아니면 실행하기 어렵다. 그래서 사이코패스다 싶으면 피하거나 더 이상 흥분하지 않게 하는 대응 방법을 추천할 수밖에 없다.

사실 작가로서의 답답함은 아무것도 아니다. 사이코패스로 인해 고통받는 사람의 답답함에 비하면. 이 점은 내가 잘 알고 있다. 앞서 소개한 벤처 창업 후 코스닥 상장 업체에서 일한 L의 사례는 개인적인 경험을 바탕으로 하고 있다.

당시 나는 사이코패스를 피하자며 대응법을 제대로 시도해 보지도 않고 서둘러 이직했다. 그러나 다른 회사에도 사이코패스는 있었다. 가장 보수적으로 잡아도 25명 중 1명은 사이코패스니까 어딜 가도 만날 수 있다는 생각을 하지 못했다. 직장을 여러 번 옮기다가 차라리 학교로 돌아가 자기 계발을 더 하면 완전 다른 분야로 갈 수 있을까 싶어 박사과정에 진학했다. 그러나 교수는 학위를 볼모로 더 많은 고통을 안겨 줬다. 다시 취직하는 것도 쉽지 않았다. 잦은 이직과 관리자급이 갖춰야 할 해당 분야의 적정한 커리어가 없었기 때문이다.

문제는 사이코패스가 일으켰는데 서류나 면접에서는 내가 문제인 것처럼 취급받는 게 너무 싫었다. 다행히 나름 운이 따라 줬다. 융합과학에 대한 관심이 커졌고 해당 전공자가 적은 덕분에 대기업 경제연구소 비정규직으로 들어갔다. 그곳 팀장은 나를 정규직으로 추천할 마음이 없었다. 하지만 정규직이 되고 싶으면 이런 일도 하라면서 기본적 업무 이외에 다양한 일을 수시로 던져 줬다. 사이코패스는 아니었고, 마키아벨리안이었다. 나쁜 놈의 종류만 달라졌을 뿐 직장생활의 답답함은 똑같다.

그러던 차에 정부출연기관 팀장 자리를 제안 받았다. 또 미련 없이 옮겼다. 하지만 업무상 마주해야 하는 여러 이익 집단과 대표 중에는 사이코패스가 더 많았다. 최고위층에서는 사이코패스가 4%가 아니라 21%라는 연구 결과를 그때는 알지 못했다. 하지만 각종 사업을 진행하는 현장 경험을 통해 확실히 느꼈다. 내부 고객인 직장 상사, 동료, 후배뿐만 아니라, 외부 고객까지, 세상에 사이코패스는 많다는 것을. 그리고 나는 여전히 고통받는 삶에서 조금도 벗어나지 못했다. 그저 생계를 위해 직장을 다니다가 우울증을 얻었다. 직장을 나온 다음에도 마음의 상처는 쉽게 나아지지 않았다. 우울증이 극한에 다다랐을 때 너무 고통스러워

결심했다. 더 이상은 예전처럼 살지 않겠다고.

다시 전공을 바꿔 박사과정을 밟았다. 거기에도 사이코패스 교수가 있었다. 하지만 이 책에서 소개한 대응법을 실행하며 대적했다. 쉽지는 않았다. 하지만 그럴 가치는 확실히 있었다. 박사학위를 따고 내가 하고 싶은 일을 하게 되었다. 직장을 다닐 때보다 더 많은 사람을 컨설팅, 강연, 상담 등으로 만난다. 그러다가 사이코패스를 발견하면 미리 가려 멀리하기도 하고 적당히 거리를 두고 볼 여유도 생겼다.

가끔 생각해 본다. 지금 알고 있는 것을 예전에도 알았더라면? 그냥 아는 게 아니라 실행했다면? 하긴, 쉽지는 않았을 것이다. 당시 나는 무슨 방법을 생각해 내도 '이렇게 했는데 사이코패스가 더 무섭게 나오면 어쩌지'라는 걱정을 했으니까. 하지만 '더 이상 이렇게 사냥터에서 쫓기는 짐승처럼 살면 안 된다'고 마음먹으면서 상황이 달라졌다. 배수진을 치면 대응할 용기도 생긴다.

사이코패스의 사냥터에서 전면전을 벌일 필요는 없다. 빠져나오기만 하면 된다. 그건 비겁한 게 아니라 현명한 거다. 빠져나오는 방법으로 이직을 선택할 수도 있다. 그리고 어차피 이직할 거라면 대응법을 연습해 보자. 그러다가 사냥터의 지형이 바뀌어 이직하지 않을 수도 있다.

부디 용기 내서 버티시기를. 겉으로는 예전과 똑같아 보일지 몰라도 다른 마음을 가지고 버티는 게 사이코패스가 여러분을 맘껏 통제하지 못하게 하는 원동력이 된다.

3장 "양심? 그게 뭐야? 나를 만족시키는 건 오직 흥분뿐!"

4장

"아프냐? 난 기쁘다!"

사디스트 나쁜 놈

키워드: 고통, 괴롭힘, 통제

- 업무 시간 외에 불러내는 놈
- 남 조롱하기를 즐기는 놈
- 상대가 싫어하면 일부러 더 강요하는 놈
- 상처를 주고 상대가 동요하는 것을 확인해야 직성이 풀리는 놈
- 오랜 기간 알고 지내던 사이인데도 못되게 굴며 사과조차 안 하는 놈

사례 **그놈은 입에 걸레를 물고 악담을 퍼부어 댔다**

백도경 사원은 처음에 자신이 신입 사원이라 윤 부장이 자기를 적응시
킨다는 이유로 일부러 더 괴롭힌다고 생각했다.

"이것밖에 못해? 그만둘 거면 빨리 그만둬."

그래, 어느 직장이나 적응의 시간은 있다더라. 열심히 하면서 시간이
지나면 나아지겠지. 막연히 이런 마음으로 버텼다. 하지만 1년이 넘은
요즘, 한계에 부딪히고 있다. 윤 부장은 다른 사람에게도 막 나가고 있
고, 그 모습을 보는 것도 스트레스다.

"대가리는 뭐하러 갖고 다녀? 뇌를 집에 놓고 왔냐?"

굳이 그 정도로 화낼 필요가 있을까 싶은 집기 위치 이동 같은 사소한
일에도 폭언을 일삼는다. 놀라서 백도경 사원이 바로 시정을 해도 폭
언은 멈추지 않는다.

"내가 입에 걸레를 물어야 돌아가냐? 능력이 안 되면 열심히라도 하든
가. 갈 곳 없는 놈들이라 봐주는 것도 하루이틀이지. 눈깔을 빼서 씻어

주랴?"

딱히 이슈가 없는데 괴롭힐 만한 것을 찾기도 한다.

"요즘 경기가 안 좋잖아. 구조 조정하면 우리 팀에서 누가 먼저 나갈지 그냥 재미 삼아 투표하자."

사람들이 질색하자 무기명으로 적어 내라고 강요했다. 무기명이니 부장 이름을 적고 싶었다. 하지만 후환이 두려워 가장 성과가 적은 사람의 이름을 적어 냈다. 부장은 쪽지를 하나씩 펴며 호명했다.

"나갈 사람은 김개똥 되시겠습니다! 어디 보자…. 이건 도경이 필체 같은데?"

쓴 사람, 자신의 이름을 들은 사람 모두에게 상처가 되는 시간이었다. 업무와 상관없이 개인적인 외모나 행동에 대한 모욕도 줬다.

"야, 옷에서 냄새난다. 그리고 오늘 따라 주둥이는 왜 더 튀어나와 보이는 거야?"

업무용 메신저나 공식적 회의 자리에서 마치 당사자가 투명인간이기라도 한 것처럼 취급하며 공개적으로 흉을 보기도 한다. 부장도 부장이지만, 잠자코 있는 팀 직원들에게 백도경은 더 실망했다. 멍한 눈으로 있거나 혹은 헤헤 바보 같은 웃음까지 지으며 그런 부장에게 장단을 맞춰 주는 선배들처럼 될까 봐, 아니 그렇게 되어 가는 것 같아 싫었다. 딱히 중요한 일도 아닌데 퇴근 이후, 주말, 저녁 시간에 단체 채팅방에 업무 관련 질문을 하거나 답이 금방 달리지 않으면 욕을 하기도 했다. 채팅방에 개인적인 인생사를 쓰면서 공감을 강요하기도 했다. 진짜 공감을 얻고 싶어서가 아니라 공감을 제대로 표현하지 않은 사람에게 욕을 하기 위해서.

통상적인 지각 등 근태 사항이 아니라, 중요하지 않은 부분까지 부서 내 이상한 규칙을 만들어 벌금을 부과하기도 했다.

"회의 시간에 볼펜 똑딱거리면 집중하는 데 방해되니까 벌금 내라고 했지?"

처음부터 부장이 벌금을 개인적으로 갖지는 않았다. 그저 상대가 곤란해하는 모습을 즐기며 열심히 돈을 걷어 과장에게 넘겼다. 과장은 회식할 때 벌금을 합쳐서 썼다. 그런데 부장 맘대로 벌금 쓰는 걸 사람들이 더 짜증나 한다는 것을 알게 되고 나서는 부장이 직접 그 돈을 관리하기 시작했다.

참으면 나아질 줄 알았다. 하지만 이제 점점 진화하는 부장의 괴롭힘에서 벗어나고 싶은 생각뿐이다.

너의 고통은 나의 행복. 오직 그것뿐!_사디스트의 정체

나쁜 놈 관련 마지막 기본 질문. "사디스트는 자신이 사디스트인 줄 알까?"

그렇다. 사디스트는 자신이 사디스트인 줄 안다. 사디스트로서 욕망을 억누르지 않고 당당히 충족시킨다.

"내 성질 알면서도 이따위로 하는 거야?"

고성을 지르며 본인의 부정적 측면을 이야기할 정도니, 남들이 지적해도 소용없다. 갈등이 있고 설사 불이익을 받는다 하더라도 남들을 괴롭히며 얻는 즐거움을 포기하지 않는다.

사디스트는 원래 변태적 성행위로 유명했던 사드 후작의 이름에서 따왔다. 그래서 심리학적으로도 원래는 '성적 대상에게 육체적, 정신적 고통을 주어 성적 쾌락을 얻는 사람'을 뜻했다.

그런데 현대 사회 심리와 조직 심리에서는 사디스트를 단지 '성'의 문제로만 보지 않는다. 이 책에서도 사디스트는 '다른 사람에게 육체적, 정신적 고통을 주고 그 고통스러워하는 모습을 보며 쾌락을 얻는 사람'으로 정의한다. 세상에나. 상대에게 고통을 주고 그 고통스러워하는 모습을 보며 쾌락을 얻는 사람이라니 일반인은 이해하기 어렵다. 연인 관계, 친구 관계라면 누군가의 아픔을 보고 함께 아파한다. 굳이 연인, 친구가 아니라 모르는 사람이라도 누군가 아파하면 동정하게 된다. 하지만 사디스트는 누군가 아파하면 기뻐한다. 그 누군가가 철천지원수도 아닐 뿐더러 한번 만나 본 적도 없는, 아무 상관없는 사람이라 하더라도 말이다.

사디스트에게는 타인의 고통 그 자체가 자신의 기쁨이다. 삶의 목적이다. 사이코패스는 자신의 욕망을 실현하기 위해 남을 고통스럽게 한다. 욕망이 목적, 고통은 결과이다. 나르시시스트는 관심과 인정이 목적, 타인의 고통이 결과이다. 마키아벨리안은 이익이 목적, 고통이 결과이다. 하지만 사디스트는 목적도 고통, 결과도 고통이다. 미드(미국 드라마) 「왕좌의 게임」에 나오는 나쁜 짓 하다가 요절한 왕 조프리처럼.

일부러 고통을 주고, 남들이 고통받는 상황을 즐기고 싶어
하는 사람이 정말 있을까 싶겠지만, 있다. 심지어 일상에서도 그
런 나쁜 놈들을 만날 수 있다.

브리티시 콜롬비아 대학교The University of British Columbia의 에린
부켈스Erin Buckels 연구팀은 2013년 일상생활에서 볼 수 있는 사디
스트를 연구했다. 연구자들은 사디스트를 가리기 위해 화장실에
서 벌레 죽이는 상황을 꾸몄다. 죽어 가는 모습을 눈으로 보면서
벌레의 고통을 확인할 수 있게 자기 손으로 직접 죽이는 방법과
도구를 써서 눈에 보이지 않게 죽이는 방법 중 선택하게 했다. 사
디즘 검사에서 높은 점수를 받은 사람들은 직접 고통을 확인하는
방법을 선택했다. 과제를 끝낸 다음에도 재미있었다고 했다.

"다른 방법을 선택했다면 후회할 뻔했어요."

이렇게 말한 실험 참가자도 있었다. 그들에게는 화장실에서
벌레를 없애는 것 자체가 목적이 아니다. 그랬다면 다른 방법도
궁금하고 써 보고 싶다고 말했을 것이다. 하지만 고통을 주는 게
목적인 사디스트에게는 고통을 눈으로 직접 확인하는 방법이 최
고다.

연구자들은 벌레가 아닌 사람을 가지고 사디스트가 어떤 행
동을 보이는지도 실험해 보았다. 실험자는 참가자들에게 일종의
게임이라 하고, 과제 수행 중 일정 수치에 도달하면 아이템을 준
다고 설명했다. 말이 게임이지 재미와는 거리가 멀었다. 과제는
제시된 단어의 글자 수를 세는 거였다. 그리고 아이템은 버튼을

누르면 헤드폰을 통해 실험실 건너편에 있는 상대가 깜짝 놀랄 갑작스러운 폭발음을 들려주는 것이었다.

사디즘 검사에서 높은 점수를 받은 사디스트는 과제를 수행하면서 상대에게 고통을 주는 버튼을 기꺼이 눌렀다. 애초 악연이 있던 것도 아니고, 모르는 상대라서 굳이 공격할 필요가 없는데도.

사실 실험실 건너편에 갑작스러운 폭발음을 듣는 사람은 없었다. 실험 설정을 그렇게 했을 뿐이다. 그러니 실제로 폭발음을 듣고 버튼 누른 사람에게 화를 내거나 공격하는 사람도 없었다. 상대를 공격하는 선택을 할 필요가 전혀 없는 상황이었던 것이다. 그런데도 사디스트는 남을 괴롭히는 버튼을 더 많이 누르기 위해 재미없는 과제도 꿋꿋이 잘 수행해 냈다. 반면 나르시시즘과 마키아벨리즘 검사 점수가 높은 참가자들은 각각 관심도 받을 수 없고, 이익도 얻을 수 없는 해당 과제를 그다지 열심히 하지 않았다.

사디스트는 공격을 받고 화가 나서 남을 공격하는 게 아니다. 공격받을까 봐 두려워서 먼저 공격하는 것도 아니다. 그냥 남의 고통을 보는 게 좋아서 공격하는 것이다. 그런 사디스트에게 "내게 이렇게까지 한다고 너에게 무슨 이득이 있니?"라고 말해 봐야 아무 소용없다. 고통스럽게 말하는 여러분을 미소 띤 얼굴로 쳐다보면서 더 고통스럽게 할 방법을 연구할 테니.

모든 지혜를 끌어모아 너를 태울 수만 있다면… _사디스트의 특징

사디스트의 특징은 단순하다. 다만 관계 초기에 사디스트와 연결되는 인간의 마음이 복잡할 뿐.

첫째, 고통에 민감하다. 고통에 공감한다는 뜻이 아니다. 자기의 행동이 상대에게 얼마나 큰 고통을 줄지 알면서도 동정은커녕, 이를 즐긴다. 고통까지 냉정하게 계산해서 즐긴다. 사디스트는 타인의 고통을 연민하는 게 아니라, 연주하려고 한다. 상대가 어떤 지점에서 더 고통스러워하는지 핵심을 잘 알고 있다. 마치 피아니스트가 자기가 치는 피아노의 특성을 잘 알고 더 멋진 연주를 하기 위해 적극적으로 활용하는 것처럼.

사디스트는 고통을 좋아한다. 사람들은 고통을 싫어한다. 그러면 사디스트는 이 사회에 발을 못 붙여야 한다. 하지만 현실을 보자. 주인공의 사디스트적인 성격을 오히려 매력적으로 그린 『그레이의 50가지 그림자』와 같은 소설과 영화가 히트 치고 있지 않는가.

왜? 사람들이 의식적으로는 고통을 싫어하지만, 무의식적으로는 다를 수 있다. 고통 앞에서 평정심이 깨진다. 자신이 고통을 당하는 것까지 즐길 순 없겠지만, 일단 마음의 동요가 일어나면 일종의 흥분 상태에 빠진다. '투쟁-도피 반응(위협적인 대상을 만났을 때 맞서 싸울 것인지 도망갈 것인지를 선택하는 뇌의 반응. 교감 신경계가 활성화되어 심박동-호흡 속도 증가, 위와 장의 활동 감소, 혈관 수축, 근육

팽창 등의 증상이 나타난다)'처럼. 또한 타인의 고통을 볼 때에도 심리적 동요가 일어나며 흥분 상태에 빠질 수 있다. 전적으로 너무 즐거워서 흥분한다기보다는 고통을 무시하지 못하고 계속 인지적 노력을 들이며 관심을 갖게 된다. 프로이트Sigmund Freud에 따르면 인간에게는 두 가지 본능이 있다. 하나는 생명, 행복, 긍정을 향한 에로스eros. 또 다른 하나는 죽음, 고통, 부정을 향한 타나토스thanatos이다. '마블MARVEL' 영화에 나오는 타노스Thanos와 이름도 비슷하고 하는 일도 비슷한 본능이 타나토스이다. 사디스트 가해자에겐 타나토스가 있다. 일반인 피해자도 타나토스라는 본능을 갖고 있긴 하지만 사디스트의 것이 훨씬 강하다. 본능이 강한 사디스트는 고통에 대한 욕구를 해소하는 과정에서 노하우를 쌓았다. 그래서 본능과 노하우가 더 많은 사디스트가 고통 게임에서 쉽게 이긴다.

둘째, 고통과 흥분을 잘 연결시킨다. 애초에 고통은 흥분과 잘 연결되는 특성이 있다. 그 특성을 사디스트는 극도로 잘 이용한다.

자극을 받으면 인간의 몸과 마음은 흥분한다. 고통은 자극이다. 자극을 원하는 인간은 그저 심심하게 있기보다는 차라리 고통을 통한 자극으로 흥분하고 싶어 한다. 이 사실을 2014년 버지니아 대학교University of Virginia 티모시 윌슨Timothy D. Wilson 교수가 실험으로 밝혀냈다. 결론만 말하자면, 실험 참가자들은 가만히 앉아 있는 것보다 차라리 전기 충격 받는 것을 선택했다.

사람들은 고통 없이 살기를 바란다. 그런데 삶이 너무 무료하면 좀 위험하다 싶어도 고통이라는 자극이라도 받으려 한다. 특별히 변태여서가 아니다. 인간의 기본 성향이 그렇다.

물론 긍정적으로 행복한 자극이 있다면 마조히스트가 아닌 한 고통을 선택하지는 않는다. 하지만 무덤덤하고 지루한 상황에 긍정적인 자극이 없다면 고통도 마다하지 않는다. 바로 이 점을 사디스트는 잘 활용한다. 고통을 가할 상대에게는 자신의 행동이 부정적 고통이 아닌 긍정적 흥분이라고 착각하도록 유도한다.

사디시트가 처음부터 상대에게 극강의 고통을 안기지는 않는다. 권해서 어쩌다 먹게 된 매운 음식처럼 반복되는 일상의 지루함을 깨고 새로운 자극이 주는 흥분을 기분 좋게 느낄 정도부터 시작한다.

"입안이 얼얼하니까 좋죠?"

음식뿐만이 아니다. 어쩌다 겪게 된 고통스러운 일에 대해서도 마찬가지이다.

"힘든 만큼 뿌듯하고 흥분되지 않나요?"

수련회 극기 훈련 뒤에 조교가 하는 멘트 같다. 하지만 사디스트는 상대에게 계속 고통을 가하기 위해 이렇게 접근한다. 이때까지만 해도 사디스트의 정체를 알아채기 힘들다. 그저 무료한 일상이 새로운 리듬을 타면서 신선한 자극을 받는 정도 같다. 하지만 사실은 사디스트가 부정적 고통과 긍정적 흥분을 연결시키며 서서히 고통을 주기 시작한 거다.

시간이 흐르면서 사디스트가 본색을 드러내면? 회식 자리에서 하는 술 게임 벌칙처럼 규칙을 못 지켰을 경우에 해야 하는 짓궂은 공약을 강요하는 정도에서 멈추지 않는다. 상대가 도망가지 않으면 엑셀러레이터를 계속 밟으며 더 강한 고통을 가한다. 생계가 달려 있어 상대가 쉽게 도망가지 못할 상황이라면 더더욱.

이쯤 되면 피해자도 사디스트가 주는 고통의 수준이 흥분과 연결되지 않는다. 흥분하는 건 사디스트이고, 피해자는 고통스러울 뿐이다. 그런데도 사디스트는 이렇게 말한다.

"재미있지 않아?"

처음 고통과 흥분을 연결시켰을 때처럼 그대로. 사람들이 고통과 흥분을 다소 구별하지 못하는 기본 특성을 무리하게 이용하려다 보니 이런 말도 나오는 거다.

셋째, 자신이 피해자보다 우월하다고 생각한다. 피해자에게는 반격할 힘이 없다고 생각한다. 그래서 평소에도 무시하는 말을 잘한다. 모욕감을 주고 놀리는 것으로도 고통을 유발할 수 있기 때문이다.

"네까짓 게."

"그래 봤자."

상대가 반격해도 소용없다는 말도 즐겨 한다. 때로는 통제와 처벌을 합리화하는 규칙, 규정을 강조한다.

"회사 규정에 이렇게 해도 된다고 써 있어."

"나는 팀장으로서 권한이 있어."

개인적 사디즘 성향으로 고통을 주는 게 아니라고 자신을 포장한다. 회사의 규정 중에 처벌, 통제에 관한 것을 먼저 찾아 줄줄 읊는다. 인정이나 상식에 기대지 않고 처벌 규정을 엄격하게 적용하려 든다.

넷째, 나쁜 일도 '재미'라는 말로 포장한다. 사이코패스나 나르시시스트처럼 다른 사람에게 호감을 얻고 싶어 하지도 않는다. 인기가 없어도 고통을 줄 수만 있다면 좋다.

정서적 폭력을 휘두르는 사디스트는 이렇게 말한다.

"너도 재미있었잖아?"

"그냥 재미있자고 한 거야."

나쁜 일도 '재미'라는 말로 포장한다. 다른 사람의 고통에 대해서도 '재미' 측면에서 설명한다. 따라서 부정적 사건, 부정적 드라마나 영화에 대해 대화할 때 대부분 쾌락, 재미 측면에서 이야기한다면 사디스트임을 의심해 봐야 한다.

다섯째, 생물학적 성별과 상관없이 마초적이다. 폭력과 힘에 민감하다. 어떤 모임에 나가면 누가 힘을 갖고 있는지부터 살핀다. 그리고 자신의 힘과 비교한다. 영화도 잔잔한 걸 보지 않는다. 폭력적인 영화를 즐긴다.

"그런 놈은 맞아도 싸."

현실이든 영화에서든 폭력으로 문제를 해결하는 이야기를 자주 한다.

"죽여 버리겠다고 협박해."

사소한 다툼에 극단적인 처방을 내놓기도 한다. 상황을 통제하는 좋은 방법이 공포라고 생각하기 때문이다. 통제에 집착하니 남들이 결정하도록 내버려 두지 않는다. 최종 결정권에 민감하다. 직급과 상관없이 자기 의견이 관철되도록 최선을 다한다. 반면에 다른 사람이 독립적으로 생각하는 꼴을 못 본다. 그 사람의 약점, 아이디어의 빈틈을 노려 공개적으로 창피를 준다.

둘이 따로 끝장 토론을 하기보다 공개적으로 드러내는 이유는 그런 상황에서 피해자가 당황해하는 자체가 사디스트에게는 커다란 기쁨이기 때문이다. 더 큰 기쁨을 누리기 위해 직장 내 따돌림에 적극 나서기도 한다. 공개적으로 망신을 주고, 다른 사람과 편먹고 함께 조롱해서 상대의 고통을 더 키운다. 따돌림을 통해 조직 내 존재감을 확실히 한다거나, 이익을 실현하기 위해서가 아니다. 사디스트에게는 이익도 필요 없다. 오로지 고통에 집중한다. 고통을 주기 위해 통제하고 공포를 심어 준다.

폭언·협박·모욕은 기본, 규칙을 바꿔서라도 밟아 줄게_직장 사디스트

그럼 직장 내 사디스트는 어떤 모습으로 나타날까?

첫째, 사소한 일에도 과도한 폭언이나 협박을 공개적으로 한다. 사디스트는 상대의 고통에서 쾌락을 느낀다. 상대가 고통을 가장 많이 느낄 수 있는 포인트를 잡아낸다. 여러 사람 앞에서 폭언이나 협박을 당하면 부끄러움과 자괴감을 더욱 많이 느낀다는 것을 잘 알고 있다.

"야 쟤한테 일 주지 마. 뭐 하나 제대로 하는 게 있어야지."

그리고 중요한 업무가 아니라서 굳이 이렇게까지 할 필요가 있나 싶은 사소한 일로 괴롭힐 때 '이런 것도 못 하는 사람'이라는 낙인을 찍을 수 있어 상대가 더 크게 무너진다는 걸 알고 있다. 그래서 중요한 업무 오류에 대해서 차분하게 수정 사항을 지적하며 논리적으로 상대를 굴복시키려 하기보다는, 사소한 일로 과도하게 흥분해서 여러 사람 있는 곳에서 폭언과 협박을 날린다. 실제로 상대의 얼굴에 서류를 날리기도 하면서.

둘째, 사적인 모욕감을 준다. 직장은 사회적 공간이다. 그런데 직장에서 사적인 공격을 하면 상대는 일반적이지 않은 그 상황에 더욱 크게 당황해한다는 걸 사디스트는 잘 알고 있다.

"부모가 그렇게 가르쳤냐?"

상대가 참지 못하고 항의하면 미안하다고 한발 물러나는 척한다. 하지만 다음에 또 반복한다. 상대의 반응을 통해 그런 모욕에 취약하다는 것을 알게 되었으니.

사적인 공격을 위해 사적인 일을 시키기도 한다. 회사 동료가 아니라 개인 머슴처럼 대했을 때 상대가 느낄 고통을 알기 때문이다.

"차 좋아하잖아? 이번 기회에 내 차 한번 몰아 볼 겸 정비소에 맡기고 와."

"시골 부모님이 재배한 감자인데, 내가 직접 나서면 좀 그러니 자네가 대신 회사 사람들에게 팔아 와."

"나 영어 공부 좀 시켜 줘. 한 시간 일찍 출근해서."

인사과나 상사에게 그런 사디스트의 만행을 알려도 잘 개선되지 않는다. 괴로움을 느끼는 포인트를 잡았으니 고통의 낚싯대로 죽죽 낚아 올리는 것에만 관심 있다. 그런 사디스트에게 낚시터인 직장을 떠나게 하는 강력한 조치가 내려지지 않는 한 '실수'나 '말하는 습관', '너무 편한 사이' 등등의 핑계를 대며 괴롭힘은 계속된다.

셋째, 회사 규정과 상관없는 규칙을 만들어 괴롭힘의 근거로 삼는다. 회의 전, 회의 중, 회의 이후, 보고서 작성, 서류 보관, 회식, 주중 메신저 이용, 주말 메신저 이용 등등 회사에 있는 시간과 회사 밖에 있는 시간과 행동을 모두 제어할 기세로 규칙을 만든다. 그리고 그 규칙을 이용해서 당당하게 괴롭힌다.

생산성 증가, 팀워크 향상, 소통 활성화 등등 명분은 근사하다. 하지만 규칙이 정말 본인이나 회사의 이익에 필요해서는 절대 아니다.

"메신저에 30분 이상 늦게 답하면 1만 원이라고 했지?"

"인증 사진 올리기로 했잖아. 왜 안 올렸어?"

이런 규정이나 규칙은 상대를 괴롭히기 위한 수단일 뿐이다.

넷째, 고통을 준 다음에 본인은 희희낙락하며 그 모습을 자랑

한다. 사디시트는 화를 잘 낸다. 업무상 문제로, 혹은 상대에게 정신차리라는 각성 효과를 주기 위해 화를 내는 것이 아니다. 해당 사안을 놓고 봤을 때 필요 이상으로 화를 내고, 다양한 방법으로 괴롭힌다. 그리고 절대 다시 안 볼 것처럼 하고서는 갑자기 호텔 같은 근사한 곳에서 편안하게 즐기는 사진을 메신저로 전송한다. 평온한 표정으로 아무렇지도 않게 "분위기가 왜 그래?"라고 물으며 미소를 짓기까지 한다.

왜? 먼저 말을 걸고 다가가서 다독이려고? 비 온 뒤에 땅이 굳듯이 더 친해지려고? 절대 아니다. 사디스트는 상대가 자신을 떠올리면 여전히 기분 나쁠 것을 아주 잘 안다. 그래서 더 기분 나쁘라고 일부러 하는 짓이다. 상대가 기분 나빠할수록 사디스트는 더 즐거워지니까.

사디스트도 가지가지_사디스트의 유형

참고로, 사디스트도 유형이 있다. 가지가지 한다. 미국의 심리학자 프란 월피시Fran Walfish 박사가 나눈 유형을 한국 실정에 맞게 설명하면 다음과 같다.

첫째, 폭발형 사디스트. 좌절된 경험 때문에 복수하는 심정으로 타인에게 신체적, 정서적 폭력을 행사하는 사람이다. 이런 사람은 과거 경험과 연관된 사람, 과거의 안 좋은 경험을 연상시키는 사람에게 특히 가해한다. 그래서 주로 어렸을 때 상처를 줬던 가족에게 엄청난 폭력을 행사하기도 한다. 직장에서는 보기 힘든 유형이다. 직장에서는 가혹 행위를 당한 사람이 가해자보다 더 빨리 승진해서 힘이 역전되는 상황이 일어나기 쉽지 않고, 극강의 고통을 참으며 오래도록 함께 일할 가능성이 크지 않기 때문이다.

흔히 분노 조절 장애자를 폭발형 사디스트라고 오해한다. 분노 조절 장애자는 스트레스 상황에 장기간 노출되어 화가 쌓이다가 감정을 자극하는 상황이 오면 감정을 폭발시킨다. 하지만 특정한 상대가 없다. 그리고 사디스트처럼 특정 대상에 지속적으로 화풀이하지 않는다. 또한 분노 조절 장애자는 후회를 한다. 하지만 사디스트는 즐거움을 느낀다.

둘째, 독재자형 사디스트이다. 다른 사람을 그냥 괴롭히는 게 아니라, 찍소리 못 하게 복종시키는 것을 좋아하는 사디스트다. 결정도 자기가 독차지하려 한다. 그러기 위해 무시무시한 위협과 폭력을 쓰기도 한다.

막장 드라마나 인터넷 게시판을 달군 일명 '김부장 시리즈'에 자주 등장하는 인물이다. 하지만 실제로 한 회사에 이런 인물이 많기는 쉽지 않다. 최고 결정권자는 대부분 한 명이고, 팀원을 괴롭히는 팀장이나 중간관리자급도 상사가 있으니 완전한 독재자로 움직이는 데에는 한계가 있기 때문이다. 오너 혹은 오너 가족이라면 모를까.

팀워크를 다진다는 이유로 신입이나 경력이 적은 사원의 능력이 발휘되지 못하도록 일부러 더 모질게 대하고, 능력을 비하하는 분위기를 조성하는 조직이 있다고 치자. 그런 조직에서도 중간관리자가 사디스트라기보다는 그런 문화를 만든 최고위층이 사디스트이고, 중간관리자는 피해 입지 않으려고 위에서 시키는 대로 하는 경우가 더 많다. 만약 중간관리자가 자기 편하자고 팀원을 가혹하게 다루는 거라면 사디스트가 아니라 마키아벨리안이다. 마키아벨리안과 가장 비슷한 유형이 다음에 살펴볼 '권위형 사디스트'이다. 차이가 있다면 목적이 이익을 얻기 위함이냐, 고통을 주기 위함이냐이다.

셋째, 권위형 사디스트이다. 규칙이나 법을 근거로 다른 사람을 제어하고 처벌할 수 있는 위치에 있으면서 이를 즐기는 유형이다. 대부분 직장의 직급 있는 사디스트가 여기에 해당한다. 직장 내의 불문율이라며 직급이 낮은 상대에게 마치 합리적인 척하며 불합리한 일을 겪게 한다. 딱히 이익을 얻는 것이 없을 때에도 나쁜 짓을 한다.

한국에는 직급이 낮아도 회사의 갑을 관계를 따지며 다른 회사 사람에게 권위를 남용하는 사디스트도 많다. 30대 영업사원이 50대 대리점 점주에게 재고를 떠넘기고 막말까지 하며 갑질을 하는 것도 권위형 사디스트이기에 가능한 일이다. 권위형 사디스트는 상대가 인사할 때 제대로 받아 주지 않고 무시하거나 대뜸 상처가 되는 말을 한다.

"비정규직이면 곧 사라질 텐데 서로 인간적으로 엮이지 말고 일이나 잘합시다."

칭찬으로 보이는 말에 가시가 숨어 있기도 하다.

"동안이어서 그런지 전문가처럼 보이지는 않네요."

이런 막말은 그나마 양반이다. 직장에서 권위형 사디스트가 가장 많이 하는 말은 다음과 같다.

"어디서 아는 체하고 있어! 내가 상사인 것은 그만한 연륜과 경험, 능력이 있어서야. 넌 그냥 내 지시를 따르기만 하면 돼."

"주제 파악 좀 해. 잘 모르는 일에 잘난 척하면서 주제넘게 끼어들면 어떻게 되는지 내가 보여 주지."

"어리다고 봐줬더니 대들어? 너 때문에 나 말고도 여기 있는 사람 모두 얼마나 힘들어 하는지 알아?"

정당한 업무상의 소통도 상사나 동료를 공격하는 것으로 만들어 버린다.

넷째, 비굴형 사디스트이다. 사디스트가 비굴하다니? 이해가 안 될 수 있다. 이 유형의 사디스트는 평소에는 겁쟁이처럼 행동한다. 겁이 많으니 예상되는 위험이 보이면, 당하기 전에 공격한다. 그래서 자신에게 뭐라고 하지도 않은 사람에게 '이러려고 그러는 것 아니냐?'는 공격적 메시지를 보내며 따지기도 한다.

평소처럼 꾹꾹 참으려다가 메일 보냅니다. 제 고통이 심해 용기 내어 말씀드립니다. 혹시라도 팀장님이 그런 의도가 아니었다고 말로 그냥 넘기실까 싶어 메일로 보냅니다. 성의 있는 답변이 오지 않는다면 이 메일과 답변 메일을 캡쳐해서 전체 부서 메일로 전달하려고 합니다.

이런 식으로 메일을 보내며 상대가 과거와 현재에 농담으로라도 했던, 부정적으로 들릴 수 있던 일들을 따진다. 그리고 미래에 생길 수 있는 일까지 지레 짐작하여 따지면서 상대를 일관된 공격자로 규정짓는다.

지난번 저에게 새로운 업무 지시를 하시면서 이 정도는 해내야 회사 밥 먹을 수 있다고 하셨지요? 꼭 그렇게 말씀하시면서 농담이라고 하십니다. 아무렇게나 던진 돌에 개구리는 맞아 죽습니다.

상사가 했던 표현은 사실 "직장에서 월급 받으면 때로는 추가로 일을 할 수도 있다." 정도였다. 하지만 비굴형 사디스트는 상대를 힘들게 하기 위해 자신이 느끼지도 않은 고통을 만든다. 그리고 더 고통스러운 표현으로 바꾼다. 그래야 상대가 가해자가 되고 자신이 피해자로 보이니까. 그다음에는 고통을 중심으로 한 이야기를 술술 풀어낸다.

이번 업무는 원래 제 업무라고 보기 힘듭니다. 갑자기 이런 일을 시키시는 것을 보면 저를 창피 주거나 나중에 인사 고과에 불이익을 주려는 의도는 아닌지 의심됩니다. 최근에 박민주 대리에게 특히 잘해 주시는 것도 이런 의심을 하게 만듭니다.

박민주 대리가 고향 후배라는 소문이 있던데, 맞나요? 뭐, 저도 고향 후배가 같은 직장에 있으면 좀 더 봐주는 마음이 생길 수 있다고 생각합니다. 하지만 그것은 어디까지나 생활적인 부분이고, 업무는 달라야 하지 않습니까?

새로운 업무를 하필 저에게 먼저 배분하신 의도가 의심됩니다. 혹시나 제 의심이 틀렸다면, 행동으로 보여 주세요. 원래 저에게 부여하려고 했던 일을 박민주 대리에게 배분하신다면 제 의심이 믿음으로 바뀔 것입니다.

아울러 팀장님을 위해 조언드릴 게 있습니다. 박민주 대리는 팀장님의 고향 후배가 아니라, 대학 연합동아리 후배라는 소문도 있어요. 그만큼 팀장님이 박민주 대리를 특별히 대하는 게 다른 사람들 눈에도 보이니 그런 소문이 나는 거겠지요.

후배인 게 사실이 아니라도 팀원 중 특별히 누구 하나를 예뻐하는 것은 팀워크를 해치는 일 아닌가요? 팀장님이 그렇게 강조한 팀워크를 스스로 해치고 있으니 누가 진심으로 믿고 따르려 하겠습니까? 누군가를 특별히 예뻐하고, 특별히 미워하지 않는 좋은 팀장님의 모습을 기대합니다.

비굴형 사디스트는 자신을 피해자로, 상대를 가해자로 포장

해서 상대에게 스트레스를 주는 게 목적이다. 그 과정에서 상대가 스트레스를 받을 만한 요구 조건을 내걸기도 한다. 그래서 마키아벨리안과 겹치는 부분도 있다.

하지만 결정적 차이가 있다. 마키아벨리안은 실제로 그 요구 조건이 받아들여지기를 원해서 공격을 감행한다. 그에 비해 비굴형 사디스트는 상대가 요구 조건을 들어주려고 애쓰느라, 오해받은 것을 푸느라 진땀을 흘리며 고생하도록 하는 게 목적이다. 요구 조건을 받아 줘도 또 다른 요구 조건을 내걸면서 계속 괴롭힌다. 상대가 자기를 볼 때마다 스트레스를 받으면 좋아한다. 위의 사례에서 팀장이 더 신경 쓰며 오해가 없게끔 업무와 생활 측면에서 잘해 주는데도 여전히 뚱한 모습을 보인다면 팀장의 스트레스가 어떻겠는가.

비굴형 사디스트는 상대가 잘못하지도 않았는데 잘못한 사람으로 만들어, 즉 희생양으로 만들어 고통을 준다. 불쌍한 피해자인 척하면서 사실은 가해하는 유형, 이 역시 직장에서 자주 만날 수 있는 사디스트다. 비굴형 사디스트가 공격할 때 쓰는 메시지는 자신이 직장에서 더 많은 권력을 갖게 되면 다른 사람을 맘껏 괴롭힐 때 쓰면 좋을 방법을 담고 있다. 누명을 씌우는 것이자 자기 욕망의 고백이기도 하다. 공격을 상상하다 보니 미리, 자세히 생각하고 구체적으로 죽죽 나열할 수 있다. 설령 자기 욕망에 있지 않더라도 상대가 가장 고통스러워할 부분을 공격한다. 공정성을 강조했던 팀장에게 불공정성으로 공격하는 것처럼.

사실 이런 사디스트를 탐지하는 건 그리 어려운 일이 아니다. 사디스트는 다른 나쁜 놈들처럼 은밀하지 않기 때문이다. 그냥 대놓고 고통을 준다. 이런 나쁜 놈으로부터는 하루라도 빨리 벗어나는 게 매우 시급하다.

사디스트 무찌르기

첫째, 다른 피해자와 정서적으로 연대한다. 살다 보면 한두 번 본의 아니게 다른 사람에게 고통을 주는 경우도 생긴다. 하지만 사디스트는 의도적으로 고통을 준다. 은밀하게가 아니라 노골적으로. 그 흔적이 어디엔가는 남게 되어 있다. 사디스트의 피해자가 혼자만은 아니라는 얘기다. 그들과 정서적으로 연대하자. 혼자 당하는 게 아니라, 함께 버틴다는 느낌이 들면 고통도 좀 줄어든다. 나중에 피해자를 모아 직장에서 정식으로 공론화시키거나 형사나 민사 사건으로 고발할 때에도 유용하다. 적어도 뒷담화를 하며 공감대를 형성하면 정서적인 긴장 해소에 어느 정도는 도움이 된다.

둘째, 가급적 즐거운 척한다. 프란 월피시 박사가 사디스트와 거리를 두는 가장 좋은 방법으로 추천한 전략이기도 하다.

사디스트는 고통에 민감하지, 즐거움에는 민감하지 않다. 고통스러워 보이는 사람에게 더 고통을 주며 쾌감을 얻는다. 애초에 고통을 잘 느끼지 못할 것 같은 사람은 손쉬운 목표물이 아니기에 건너뛴다. 그 앞에서 과도하게 즐거워하라는 게 아니다. 그냥 미소를 짓고, '난 힘들어도 그냥 웃으며 넘기는 타입이야.'라는 메시지를 주면 된다. 그때도 가급적 멀리서.

이렇게 대응하면 사디시트의 가학적 즐거움과 연결이 끊어진다. 사디스트는 폭력적인 방법으로 의도적으로 상처를 주고 즐거움을 누린다. 그런데 상처를 줬는데도 즐거움을 얻을 수 없다면? 몇 번 더 고통을 주려고 하지만 결국 즐거움을 누리지 못한다면, 더 이상 그 일을 하지 않는다. 다른 목표물을 찾는다.

상대를 괴롭히는 상상을 하는 즐거움 대신 '혹시 소용없지 않을까?'를 고민하며 스트레스를 받고, 괴롭히고 나서 결과를 복기하는 즐거움 대신 '뭐야, 소용없었잖아.' 하며 스트레스를 받게 된다.

사디스트는 대부분 분노나 복수 때문에 상대를 괴롭히는 것이 아님을 잊지 말아야 한다. 특별한 연고 없이 그저 같은 직장이어서 만난 사디스트는 남에게 고통을 주는 게 즐거워서 아무 이유나 목적 없이 괴롭히는 거다. 그런데 고통을 주지 못하면 더 이상 괴롭히지 않는다. 즐거움을 위해 다른 대상을 찾는다. 그러니 고통을 주는 즐거움을 느끼지 못하게 짐짓 괜찮은 척해야 한다. 물론 힘들다. 하지만 끝이 없어 보이는 고통도 몇 번 버티면 끝난다. 왜? 그 나쁜 놈은 계속 남을 괴롭히기 위해 스트레스를 감내하는 사람이 아니라 '즐거움'을 누리고 싶은 사디스트니까. 그가 원하는 보상을 주지 않으려고 노력해야 한다.

셋째, 고통을 중심으로 하는 각본을 깨뜨린다. 폭력을 자행하는 사람은 상대가 무서워하는 상상을 하면서 즐거워한다. 즉 자신의 시나리오에 따라 했더니 상대가 무서워하면 다음엔 어떻게 해야지까지 다 생각해 놓는다. 하지만 상대가 무덤덤하거나 대범하게 굴 때의 시나리오는 없다. 시나리오에 없으니 당황한다. 사고 정지. 머릿속에 방법이 없으니 함부로 행동하지 못한다. 그럴 때 한 방 먹이고 휙 떠나자. 고통을 주는 사람은 스트레스에 그리 강하지 않다. 보상이 확실히 약속되었을 때나 스트레스를 참는다. 여러분을 괴롭혀도 보상을 얻을 수 없다는 것을 명확히 느끼게 하자.

사디스트 때문에 고통받는 여러분에게

사디스트가 주는 고통으로 인해 직장을 떠나는 사람이 있다. 떠나는 사람도 당연히 힘들 테지만 남겨진 동료의 마음도 복잡해진다. 이직자에게 "축하한다." 혹은 "다행이다."라는 말을 건네며 앞으로 고통 없이 직장생활하기를 빌어 주는 마음도 있다. 하지만 또 다른 한 편에는 아직 떠나지 못한 자기 자신을 한심하게 여기는 마음도 있다. 직장에 출근해서도 몸은 말을 듣지 않고 도무지 뭘 어째야 할지 알 수 없어 자리에서 한숨을 폭폭 내쉬게 된다. 그럴 때면 이렇게 생각하자.

'이런 일을 내 친구가 겪고 있다면 나는 어떻게 위로해 줄까?'

친구가 한심하다며 화를 낼까? 아니다. 그건 고통에 신음하는 사람에게 고통을 더하는 사디스트적인 행동이다.

진정한 친구라면 사디스트를 함께 욕해 주고, 얼마나 힘든지 살필 것이다. 남에게 친절하듯이 자기 자신에게도 친절한 이런 자세를 '자기 자비self-benevolence'라고 한다. 단지 '내가 얼마나 힘든지 알아? 나도 어쩔 수 없어.'라는 식의 자기 연민과는 다르다. 무조건적인 자기 방어식 연민에 빠지는 건 발전도 없고 별로 위로가 되지도 않는다. 마음속에서 스스로를 한심하게 보는 마음 역시 커지기 때문이다.

반면에 친구를 위로하고 함께 방법을 고민해 주듯이 자기 자신에게 이야기를 하다 보면 답답한 속이 조금이나마 풀리고, 고통을 견디는 자신만의 방법도 찾을 수 있다. 자기 자비를 발휘하면

'특별히 나만 불쌍하다'가 아니라 '이런 불행한 경험은 누구도 겪지 말아야 하지만 현실에서 직장인으로서 겪을 수도 있는 일'이라는 사실에 주목하게 된다. 특별히 자기가 잘못해서 벌어진 일이 아니며, 다른 사람도 겪는 일이라는 사실도 머리가 아닌 가슴으로 느끼게 된다. 혼자 고통의 세계에 고립되어 있는 게 아니라는 느낌이 들면 혼자만 아프다고 생각할 때보다는 조금 더 기운을 얻게 된다.

마음챙김mindfulness 분야에서는 고통을 겁내지만 말고 관찰하기를 권한다. 고통이 느껴졌다가 사라지는 과정을 차분히 관찰하면, 이 고통이 계속되지 않고 사라질 것을 이미 깨달았기에 다른 고통이 왔을 때에도 더 대범하게 대처할 수 있다.

사람은 스트레스에 대한 저항력, 즉 면역력이 떨어졌을 때 고통의 영향을 더 많이 받는다. 스트레스에 대한 면역력은 몸과 마음 상태에 따라 좌우된다. 신체적으로 피곤하거나 정신적으로 힘들면 스트레스에 더 약하다. 명상, 요가, 운동 등으로 신체 에너지를 축적하고 마음의 여유를 찾으면 상대가 주는 고통에 대해서 덜 민감하게 반응할 수 있다.

계속 고통을 주는 사디스트를 바꾸는 건 힘들 수 있다. 하지만 여러분이 느끼는 고통의 크기는 노력으로 바꿀 수 있다. 속수무책으로 계속 당하는 게 아니다. 분명 커다란 변화다. 능동적 변화.

잘못은 사디스트가 하고, 변해야 할 인간도, 벌을 받아야 할 인간도 사디스트인데, 왜 여러분이 변해야 하는지 억울하다. 맞다. 사디스트가 처벌받아야 한다. 직장 내 괴롭힘 매뉴얼대로 직장이나 공공 기관에 제소해도 된다. 하지만 현실적으로 사디스트를 처벌하는 게 쉽지 않기도 하고 시간과 노력이 지나치게 많이 들기도 한다. 그사이 여러분은 또 다른 고통을 받을 수 있다. 사디스트를 처벌하거나 이직했다 하더라도 또 다른 사디스트를 만나지 않으리란 보장도 없다. 그래서 억울한 건 알지만 특정 사디스트와 상관없이 여러분 자신이 고통을 더 잘 관리할 수 있게 되기를 응원하고 싶다. 여러분 인생과 행복은 그렇게 노력할 가치가 충분하니.

나쁜 놈들에 대한 면역력 기르기

면역력을 기르는 일은 사디스트에 대해서 뿐만 아니라 다른 나쁜 놈들에 대해서도 필요하다.

마키아벨리안, 나르시시스트, 사이코패스, 사디스트는 남에게 상처를 준다. 저마다 다른 동기, 다른 과정에 따라서지만 결과는 똑같다. 타인에게 남기는 상처.

그리고 공통점이 하나 더 있다. 생각이나 감정의 약한 부분만 공략한다. 누구나 갖고 있는 생각의 약점, 즉 인지 편향인 희망적 사고wishful thinking를 이용하기도 하고, 감정이 불안정할 때를 노렸다가 적극적으로 공략하기도 한다. 상대가 약점이 없다 싶으면 일부러 약점을 만들려고 뒤흔든다. 그래서 평소에 그들의 공격을 거뜬히 쳐낼 수 있게 내면의 힘을 길러야 한다.

첫째, 생각의 함정에서 벗어나 보자. 마키아벨리안, 나르시시스트, 사이코패스, 사디스트는 자기들이 원하는 방향으로 생각하도록 몰아붙인다. 공격할 대상이 혼자만의 생각에 빠져 제대로 판단하지 못하게 하려고.

　이런 공격에 대한 면역력을 기르려면 무언가를 판단할 때 '일리이즘illeism'을 써 보는 게 좋다. 일리이즘은 수사학에서 나온 방법으로, 로마의 율리우스 카이사르Gaius Julius Caesar(영어로 '시저') 가 많이 쓴 것으로 유명하다. 일리이즘은 자신을 3인칭으로 표현 하는 방법이다. 어린아이가 자기의 이름을 넣어서 "○○○는 ○○ ○해요."라고 하는 것을 떠올리면 쉽다. 어렸을 때는 이게 미성숙 해서 나오는 표현이다. 하지만 성인이 된 다음에 자신에게 이렇 게 말하는 것은 아이러니하게도 성숙한 방법이다.

　캐나다의 워털루 대학교University of Waterloo 심리학자 이고르 그로스만Igor Grossmann 팀의 연구에 의하면 일리이즘은 자신의 생 각과 감정을 객관적으로 바라보고 통제하는 데 유용하다. 단, 남 과의 대화에서 일리이즘을 쓰라는 게 아니다. 고민이 되고 고통 스러울 때 자신과의 대화에서 쓰는 거다.

　예를 들어 팀장이 여러분이 쓴 보고서를 놓고 이렇게 말했다 고 하자.

　"정말 이따위로 일할 거야? 봐주는 데도 한계가 있어. 빨리 고쳐 와. 또 이러면 자네는 해고야."

　기분이 몹시 나쁘고, 혹시나 나쁜 팀장이 정말 직장에서 쫓 아낼 흉계를 꾸밀까 봐 불안하다. 불안한 마음으로 계속 생각을 하면 해결책이 잘 나오지 않을 뿐더러 더 불안해진다. 그런 상태 에서 보고서를 다시 작성한다 해도 더 좋아질 수가 없다. 나쁜 놈

　　　　　　　　　　　　　　나쁜 놈들에 대한 면역력 기르기

이 바라는 대로.

3인칭을 써서 생각해 보자. 예를 들어 상처 입은 직원의 이름이 이남석이라고 하자. 그러면 이렇게 할 수 있다.

"이남석은 팀장이 화를 내서 기분이 나빴다. 이남석은 직장 생활 3년차이다. 그동안 보고서를 많이 썼다. 그런데 팀장은 내내 보고서를 형편없이 쓴 것처럼 말했다. 심지어 이남석이 썼던 보고서 그대로 위에 보고한 적도 있다. 그러니 이남석의 보고서 작성 실력은 팀장이 말하는 것처럼 그렇게 형편없지 않다. 설령 그렇다고 해도 보고서 하나 때문에 이남석을 해고할 수는 없다. 이남석이 아니라, 비슷하게 혼나던 정수연 대리도 직장을 계속 다니고 있다. 그리고 팀장에게는 바로 해고할 권한이 없다. 팀장은 이남석을 지배하고 있다는 사실을 확인하기 위해서 그런 말을 한 것이다. 실제로 그 정도로 지배하고 있지 못하니까 화를 낸 것이고 만약 이남석의 보고서가 문제라면 보고서에 집중해야 한다. 과거에 팀장이 그대로 통과시켰던 보고서를 참고해서 보고서의 포맷을 바꾸고 내용을 추가해서 재도전하면 된다. 또 팀장이 화를 내면 구체적으로 문제점을 지적해 달라고 해서 그 사항을 고치면 된다. 해당 보고서가 과거에 통과시킨 것과 비슷하다는 점도 강조해서 이번에는 팀장이 답하도록 이남석이 물고 늘어져야 한다."

미국 미시간 대학교University of Michigan의 에단 크로스Ethan Kross 박사에 따르면 일리이즘은 단순히 상황을 객관적으로 보는 수준에 머물지 않는다. 자기중심주의에 빠져 자신만이 중요하고, 자신이 하는 생각과 행동이 최고의 선택인 것처럼 여기는 게 아니라 스스로를 어떤 상황 속에서 하나의 역할을 담당한 사람으로 보게 한다. 그래서 겸손하게 사태를 파악할 수 있다. 또한 상대의 입장에서 생각하는 능력이 커지고, 불확실성을 이해하고, 대안을 찾는 능력이 발달한다.

일리이즘을 글로 쓰면 더 효과적이다. 감정은 꼬리에 꼬리를 물고 이어지고, 생각도 꼬리에 꼬리를 물고 이리저리 방향을 틀 수 있다. 하지만 글은 좀 더 객관적으로 상황을 정리하고 대안을 찾는 데 도움이 된다. 캐나다 워털루 대학교 심리학과의 그로스만 박사의 연구에 따르면 3인칭 관점으로 일기를 쓸 경우 미래에 벌어질 일들에 대해서 자신의 감정을 정확하게 예측하고, 쓸데없이 부정적인 감정을 더 키우지 않는 것으로 나타났다.

둘째, 멘토를 찾아보자. 그냥 유명하고 인기 있는 멘토를 찾으라는 게 아니다. 여러분과 비슷한 경험을 했거나 해당 분야에서 여러분보다 더 나은 지식과 기술을 갖고 있는 사람이면 된다. 인생이 요리와 같다면, 더 나은 요리를 만드는 데 꼭 호텔 셰프의 레시피가 필요한 것은 아니다. 그 레시피가 아주 좋겠지만 아직 재료에 대한 이해와 손 기술이 좋아가지 못해서 그 맛이 안 나올 수 있다. 여러분보다 경험이 많고, 여러분 수준에 맞게 이야기해 줄 사람이라면 효과가 있다.

일부러 더 좋은 멘토를 피하라는 말은 아니다. 더 좋은 멘토

　　　　　　　　　　　　나쁜 놈들에 대한 면역력 기르기

를 찾느라 상처받을 수 있는 위험에 더 오랫동안 노출되지 말라는 뜻이다. 여러분의 수준이 올라가면 자연스럽게 더 좋은 멘토를 만나게 되어 있다. 지금 필요한 것은 평생을 헤매도 찾을까 말까 한 불로장생약이 아니라, 일단 면역력 강화용 비타민이다.

셋째, 직장 동료 이외의 사람들이 있는 동호회에 가입해 보자. 혼자만 고립되어 고통받고 있다고 생각하면 사람이 더 피폐해진다. 완벽한 공감을 얻지 못하고 뒷담화 정도일 뿐이라 해도, 답답했던 속에 새로운 바람을 넣으면 기분 전환은 할 수 있다. 때로는 낯선 사람에게 더 많은 이야기를 자유롭게 할 수 있는 법이다.

자신과의 대화 혹은 글쓰기를 통해 상황을 객관적으로 보는 게 효과적이라면 아예 객관적인 이야기를 해 줄 사람을 만나는 것도 좋다. 직장과 상관없는 사람들이라 속 이야기를 털어놔도 직장에 퍼질까 봐 걱정하지는 않아도 되는 사람들과의 모임이 좋다. 독서든, 운동이든, 어떤 취미 모임이든 상관없다. 겉보기에는 상당히 달라 보이지만 알고 보면 비슷한 배경과 경험을 가진 사람들을 만나기 쉬운 곳이 바로 동호회이다. 그곳에서 함께 취미 활동을 하는 즐거움도 누리고, 어느 날은 진지한 대화도 하면서 또 다른 대안을 함께 고민해 보자.

넷째, 자존감을 높여 보자. 자존감은 나르시시스트가 갖는 자기애, 자기중심주의와는 다르다. 진정한 자존감은 자기를 존중하는 마음이다. 자기를 존중하는 데 그저 주관적으로 '나는 특별해'라고 우기기만 하는 건 아무 의미가 없다. 객관적으로도 존중받을 가치가 있어야 하고 또 그에 걸맞게 행동해야 한다. 그래야 나 자신을 설득하고, 남을 설득하는 데에도 당당할 수 있다.

나쁜 놈들이 "너는 그런 놈이 아니야. 넌 내 공격에 무너지는 약한 놈이야."라고 왜곡해도 흔들리지 않을 자존감은 생각만으로 만들어지지 않는다. 실행해야 만들어진다.

3인칭으로 하는 자신과 대화, 멘토와 대화, 동호회 회원과 대화, 직장 동료와 대화 등에서 언급되는 자기 장점을 꼭 적어 놓자. 생각과 감정은 날아가도 글은 남는다. 나쁜 놈이 여러분의 감정과 생각을 흔들 때 그 성취 기록을 보자. 꼭 상을 받거나 대단한 일을 해낸 걸 적으라는 게 아니다. 그전보다 조금 더 나아진 모습이면 된다. 그 성장을 이뤄 낸 사람은 존중받을 만하지 않은가?

꼼꼼히 정리하면 시행착오를 통해 얻은 교훈을 자연스럽게 깨우칠 수 있어 자기 성장에도 도움이 된다. 그리고 직장에서 잘했던 일을 객관적으로 정리해 놓으면 연봉 협상에도 도움이 될 수 있다.

여러분은 단지 운이 좋아서 지금 직장에 다니고 있는 게 아니다. 인정받을 가치가 있어서 인재로 선발되었고 그래서 지금도 직장을 다니고 있는 것임을 잊지 말자. 나쁜 놈들이 간악하게 그 사실을 왜곡시키려 해도 흔들리지 말자.

제2부

다크
테트라드의

변종 나쁜 놈들

변종 나쁜 놈들과
그냥 나쁜 놈들

지가 착한 줄 아는 나쁜 놈
'갑질'하는 나쁜 놈
직장에서 '나쁜' 정치하는 나쁜 놈
단품형 나쁜 놈
그냥 나쁜 놈

어둠의 나쁜 놈들 복잡다단한 변종

2부에서는 어둠의 사총사가 서로 결합해서 나온 어둠의 나쁜 놈들 변종을 살펴볼 예정이다. 그전에 확실히 하고 싶은 게 있는데 세상에 있는 나쁜 놈이 전부 어둠의 사총사와 관련 있는 건 아니라는 사실이다.

상황 때문에 나쁜 짓을 하는 나쁜 놈이 있다. 성격이라기보다는 한심한 능력과 답답한 사고방식 때문에 나쁜 짓을 저지르는 나쁜 놈도 있다. 그런 놈들과 함께하는 것도 힘든 일이다. 하지만 성향 자체가 나쁜 놈을 상대하는 것과는 차원이 다르다.

성향은 외부 자극에 대해 지속적으로 가장 자주 보이는 반응 패턴이다. 내성적인 사람이 기분이 좋아 어쩌다 한 번 노래방에서 신나게 노래 부르는 것은 성향이 아니다. 성향은 그냥 놔둔다고 저절로 낡아 없어지지 않는다. 패턴이 더 강화된다. 어둠의 사총사 성향을 갖고 있으면 외부에서 처벌과 비판, 회유, 보상 등 어떤 자극이 와도 결국 자기 패턴대로 지속적으로 나쁜 짓을 벌인다. 그래서 더 심각하다. 그리고 학습 효과에 따라 나쁜 짓도 진화한다. 거기에다가 어둠의 사총사 성향이 서로 결합해서 변종이 되면 나쁜 짓도 전혀 다른 차원으로 변한다. 바이러스처럼. 그래서 어둠의 사총사를 만나면 방역 대책으로 우선 거리를 두라고 전문가들은 입을 모아 말한다.

일반적인 나쁜 놈과 어둠의 사총사 변종이 일면 똑같아 보

변종 나쁜 놈들과 그냥 나쁜 놈들

이는 나쁜 짓을 할 수도 있다. 하지만 어둠의 사총사의 나쁜 짓은 단품이 아니라 세트다. 즉 전혀 다른 나쁜 짓으로 연결된다. 럭비공이 어디로 튈지 예측할 수 없는 이유는 럭비공이 둥근 원형이 아닌 길쭉한 타원형이기 때문이다. 어둠의 사총사 패턴을 이해하면 전혀 달라 보이는 나쁜 짓도 연관 지을 수 있는 통찰력이 생기기 때문에 튀는 놈들의 행동 양식을 이해할 수 있다.

예를 들어 제5장에서 살펴볼 '지가 착한 줄 알면서 나쁜 짓을 하는 나쁜 놈(이하 착나나로 줄임)'은 일을 남에게 미룬다. 그런 패턴을 보인다면 착나나는 '일을 안 하려는 나쁜 놈'이라고 불러야 할 것 같다. 하지만 착나나는 그저 일을 안 하려는 수준에서 멈추지 않는다. 상대에게 가혹한 고통을 안겨 주려고 머리를 쓰는 식으로 행동의 방향을 튼다.

'직장에서 가장 나쁜 놈은 일을 안 하는 놈'이란 말이 있다. 일이 목적인 직장에서 일을 안 하면 주변 사람들이 당연히 피해를 본다. 그렇다면 일을 안 하려는 나쁜 놈은 대체 뭘까? 여러 가지 가능성이 있다.

첫째, 어둠의 사총사 변종이 아니라 순전히 마키아벨리안일 수 있다. 상대에게 고통을 안길 목적보다는 자기가 편하게 놀면서 월급을 챙기고 싶은 이익에 혈안 된 나쁜 놈. 그래서 거짓말로 핑계를 대고 계략을 짜는 놈. 의도는 자신의 이익이고 결과적으로는 남에게 고통을 준다. 이에 비해 착나나는 마키아벨리즘에 사디즘 성향까지 있어 의도에 이익과 고통까지 더해진다. 결과도 당연히 자신의 이익과 타인의 고통, 둘 다이다. 그리고 학습 효과로 그 정도가 점점 더 심해진다. 나쁜 짓의 종류와 규모가 입이 쩍 벌어질 정도다.

둘째, 일에 대한 동기가 없어서일 수 있다. 공부에 흥미 없는 학생이 공부를 하지 않으려 꾀를 부리는 것처럼, 일에 흥미가 없으니 일하지 않으려 꾀를 부리는 거다. 이런 놈은 마키아벨리안처럼 전략적으로 접근한다기보다는 그냥 '아, 몰라' 하면서 나자빠지는 식으로 미성숙한 대응을 한다.

설령 동기가 있다고 해도 그 동기가 남과 다를 수 있다. 자신의 분야에서 최고가 될 목표를 설정해 놓고 기술과 지식을 잘 숙달하려는 동기나, 남보다 더 잘 해내려는 동기가 있는 게 아니다. 대신, 자리를 겨우 유지할 딱 그만큼만 일하거나, 해고당하지 않을 만큼만 일하려는 동기가 있다. 긍정적인 상황을 만들려 노력하는, 이른바 접근approach 동기 대신 부정적인 상황을 피하기만 하면 된다는 회피avoidance 동기가 강해서 일을 안 하려 할 수 있다.

셋째, 직장을 다니는 욕구 수준이 낮을 수 있다. 매슬로우의 욕구 위계론으로 설명해 보자. 일을 안 하려는 나쁜 놈은 월급을 받아 의식주를 해결하면서 생리적 욕구, 안전의 욕구 단계까지는 왔다. 하지만 직장에서의 애정·소속의 욕구, 존경의 욕구, 자아실현의 욕구까지는 도달하지 못한 상태이다. 즉 팀 구성원으로서 소속감이나 팀장으로서 존경받고 싶은 마음, 일을 통해 자아실현을 하려는 마음 없이 월급 도둑 역할에만 충실하니 다른 사람에게는 민폐일 수밖에 없다. 단순하다. 5장에서 살펴볼 테지만, 이에 비해 착나나의 행동 패턴은 꽤 다채롭다. 전혀 연결되지 않을 것 같은 특징이 소름끼치게도 똑같은 성향에서 나온다.

넷째, 무기력 때문일 수 있다. 무기력은 그저 신체적으로 힘이 빠진 상태가 아니다. 노력을 해도 결과를 바꿀 수 없다고 믿을 때 사람은 능동적으로 일하지 않는다. 심리적인 문제다.

처음 직장생활을 시작해서 나름 노력했으나 자신이 생각하는 결과를 만들어 내지 못했을 때 더 열심히 일해서 상황을 반전시키려 하는 사람도 있다. 하지만 결과에 실망하지 않으려고 '노력' 자체를 하지 않는 사람도 있다. 이게 바로 일하지 않아 다른 사람에게 피해를 주는 나쁜 놈이다. 마키아벨리즘, 나르시시즘, 사이코패시, 사디즘 때문이 아니라 무기력 때문이다.

이 밖에 공과 사 구분 없이 잘만 지내려는 나쁜 놈처럼 지금 여러분을 괴롭히는 나쁜 놈이 어둠의 사총사와는 무관할 수도 있다. 그래서 2부 내용을 별로 볼 필요가 없다고 생각하기 쉽다. 하지만 직장생활을 하다 보면 어둠의 사총사를 만날 확률이 높다. 혹은 실제 어둠의 사총사 변종인데도 눈치를 못 채고 있을 수 있다. 그러니 2부를 더 꼼꼼하게 봐야 한다. 그렇게 봤는데도 여러분을 괴롭히는 나쁜 놈이 아닐 가능성도 있다. 그래서 마지막 장에서는 '애매한 나쁜 놈'들 즉 '다크 테트라드와 상관없이 그냥 나쁜 놈'들을 따로 정리해서 설명하기로 하겠다.

지가 착한 줄 아는 나쁜 놈

착나나
더 고약한 착나나
최악의 착나나

특성: 인성 자랑, 미루기, 복수

- 세상 최고로 착한 듯 구는 민폐 대마왕
- 일을 남에게 미루고 잘못을 뒤집어씌우는 놈
- 나를 위하는 척하면서 손해를 끼치는 놈

지가 착한 줄 알면서 나쁜 짓만 골라 하는 나쁜 놈

[마키아벨리즘 1큰술 🥄 + 나르시시즘 3큰술 🥄🥄🥄 + 사디즘 1큰술 🥄]

사례

김예원 대리는 용기 내서 박필화 과장 앞에 섰다. 목소리를 높여 따지고 싶은 마음을 꾹꾹 누르며 최대한 부드럽게 말했다.

"과장님, 이번에도 제휴 출장 건을 제게 맡기시면 일을 남에게 미룬다는 말이 나지 않을까요?"

"뭐? 자네 누굴 뭘로 보고 그런 이야기하는 거야? 날 몰라?"

당황한 김 대리는 한풀 꺾인 목소리로 말했다.

"아니, 제가 그런 게 아니라, 사람들이 그렇게 입방아를 찧을 수도 있다고요."

"뭘 해도 삐딱하게 보는 나쁜 인간들 생각까지 왜 내가 책임져야 해?"

"책임지시라는 게 아니고요."

"대체 내가 무슨 일을 미뤘다는 거야?"

박 과장은 질문이라기보다는 억울하다는 듯 혼잣말을 했다. 하지만 김 대리는 친절하게 가장 최근 사례를 들어 답변했다. 그러자 박 과장은 차갑게 말했다.

"성장할 기회를 주려고 기껏 배려해 줬더니 뭐?"

박 과장이 미간을 찡그렸다. 그리고 그대로 눈을 감고 뭔가를 생각하더니 잠시 후 눈을 뜨고 빙긋이 웃으며 말했다.

"좋아. 정 그렇다면 확실히 다르게 대응해 주지."

박 과장의 표정을 보며 김 대리는 불길한 예감이 들었다.

왜 슬픈 예감은 틀린 적이 없는지. 실제로 박 과장은 특정 팀원 한 명에게 일을 미루는 게 아니라, 전체 팀원에게 똑같은 일을 주고 촉박한 기한 내에 각자가 따로따로 제안하도록 했다. 그리고 근태 관리부터 꼬투리를 잡은 다음, 회사 매뉴얼을 뒤져 규칙을 강조하며 팀원을 압박했다. 실연, 가족 갈등 등 예전에 들었던 각자의 사생활을 약점으로 잡아 괴롭히기도 했다. 팀원들이 괴로워할수록 박 과장은 미소를 지으며 다 들리게 혼잣말처럼 말했다.

"잘해 줬더니 뭐? 내가 아무리 착해도 당하고만 있을 줄 알았어?"

직장에서 가장 나쁜 놈은 일 못하는 놈이라는 말이 있다. 맞다. 그렇지만 일 못하는 사람을 가르치자고 여러분이 회사를 다니는 것도 아니고, 계속 대신 일해 줄 수도 없다. 무엇보다 나쁜 의도가 아니라면, 그 사람은 그저 일을 못하는 사람이다. 그러니 나쁜 놈이라고 부르지 말자. 사악한 어둠의 사총사와 비교하면 불쌍한 사람이다.

일 못하는 불쌍한 사람 말고, 그 사람과 비슷하지만 진짜 나쁜 놈이 있다. 자신은 착한 줄 알면서 나쁜 짓 하는 나쁜 놈! 이 나쁜 놈은 어둠의 사총사 중 어디에 해당할까?

'자신은 착한 줄 알면서 나쁜 짓 하는 나쁜 놈(이하 '착나나'로 표기)'은 어느 하나가 아니라 **나르시시스트와 마키아벨리안과 비굴한 사디스트가 결합된 나쁜 놈**이다. 골고루 결합된 것은 아니고 나르시시즘이 다량 들어가고, 마키아벨리안과 비굴형 사디스트 성향이 조금 들어간 나쁜 놈이다. 비유하자면 **마키아벨리즘 1큰술, 나르시시즘 3큰술, 사디즘 1큰술** 정도이다.

어떤 사람이 박필화 과장과 같은 모습을 보인다면 착나나를 의심해 봐야 한다.

착나나를 만드는 세부 레시피를 공개하자면 다음과 같다.

일단 베이스는 나르시시즘이다. 자신은 착한 척을 하는 게 아니라, 착한 사람이라고 믿는다. 진짜 착한 사람은 다른 사람을 존중하고 배려하는 걸 당연하게 생각한다. 하지만 착나나는 자신이 착한 사람이니 다른 사람에게 그만큼 존중받고 배려받는 게 당연하다고 생각한다. 만약 다른 사람이 자신을 존중하고 배려하지 않는다면? 그것은 그들이 나빠서이다. 나쁜 사람에게 오해받아도 자기 갈 길을 가야 착한 사람이니 본인은 어떻게든 참는다고 생각한다. 실제로 부정적인 결과를 낳고서도 자기 방식을 끝까지 버리지 않으니 다른 사람들이 힘들어지는데도 착나나는 현실을 왜곡한다. 다른 사람 눈에는 뻔뻔하기 그지없다.

착나나는 마키아벨리즘 성향도 다소 있어서 그동안 착해서 손해만 본 자신을 위해 계략을 꾸미기도 한다. 영화에 나오는 멋진 주인공이 나쁜 사람에게 정당한 복수를 하는 것처럼 당당하다. 빼앗겼던 권리를 되찾는 것이라고 정당화하기도 한다. 주인공, 영웅, 권리는 나르시시스트가 좋아하는 단어이다. 게다가 다른 사람들에게 고통을 주기 위해 사디즘의 성향을 조금 쓰기도 한다.

다시 한번 기억하자. 착나나는 의도적으로 착한 척하는 게 아니다. 스스로 정말 착한 줄 아는 놈이다. 흔히 '착나나'는 자기가 '착한 사람 콤플렉스'에 걸렸다고 말한다. 아니다. 착한 사람 콤플렉스와는 전혀 다르다.

착한 사람 콤플렉스는 '착한 아이 증후군'이라고도 한다. 어렸을 때부터 다른 사람의 말을 잘 들어 '착한 아이'라고 불렸을 때 행복감을 느꼈다. 그래서 성인이 되어서도 일단 남의 요구를 들어주려는 습관에 빠져 있는 걸 말한다. 이런 사람이 의외로 많다.

착한 사람 콤플렉스에 걸린 사람은 '행복하려면 착해야 하고, 착한 사람은 남의 요구를 잘 들어줘야 한다'는 생각에 빠져 있다. 현실적으로 내가 해 줄 수 없는 상황이면 남의 요구를 들어주기보다 자신을 더 돌봐야 하는데 그걸 잘 못한다. 일단 남의 요구에 응하고 스트레스를 받는다.

착한 사람 콤플렉스에 빠지면 남의 요구를 들어주는 것 말고도 착한 사람의 이미지에 맞는 행동을 하려고 한다. 상대가 불쾌한 말을 해도 웃음으로 대하고, 포용하려 한다. 자신이 진짜 그런 사람이면 괜찮지만, 속이 부글부글 끓는데도 착한 이미지를 지키려 스스로를 불행하게 만드는 게 문제이다.

착나나는 다른 사람의 요구를 들어주느라 자기를 보호하지 못하는 사람이 절대 아니다. 자기를 보호하기 위해 다른 사람의 속을 부글부글 끓게 만드는 사람이다. 착나나는 착한 사람 콤플렉스에 걸린 사람처럼 예스맨이 아니다. 실제로 노맨에 가깝다. 자기를 지키려 일을 남에게 미루고, 기한을 미룬다. 언뜻 보면 교묘한 듯하지만 사실은 숨김없이 아주 당당하다. 자기는 그래도 되는 권리가 있다고 생각하기 때문이다.

착나나의 특징을 좀 더 정리해 보자.

첫째, 착나나는 주로 천성을 들먹이며 자신의 착한 성향을 강조한다.

"정 과장, 이번 프로젝트는 자네가 전적으로 책임지고 진행해 보는 게 어때?"

"본부장님, 저는 늘 공과 사 모든 면에서 보이지 않는 곳에서 남을 돕는 걸 더 좋아했습니다. 그래서 어렸을 때부터 적극적이지 않다는 오해도 받았지만 제 천성이 그래요. 이번 일은 기한도 빠듯하니까 능력 없는 저보다는 다른 사람이 더 잘할 거예요. 저는 뒤에서 그 사람을 열심히 지원할게요, 늘 그랬듯이."

천성적으로 착한 성품을 자랑해도 결국 답의 핵심은 '노(no)'이다.

처음부터 의도적으로 일을 남에게 미루려 착한 척을 한다면 그것은 착나나가 아니라 그냥 마키아벨리즘 성향이 강한 나쁜 놈이다. 착한 척이 통하지 않으면 다른 계략을 몰래 꾸며서 이익을 실현하고 뒤통수치는 나쁜 놈. 반면 착나나는 자기 정도면 진짜 착하다고 생각해서 남에게 일을 미루는 행동도 공개적으로 한다. 그래서 착나나와 함께하는 다른 사람의 속이 더 터진다. 워낙 당당하게 성품을 강조하니 관계 초기에는 좋은 사람이 좋은 의도로 좋은 행동하는 것을 자신이 색안경을 끼고 나쁘게 보는 건 아닌가 자책하게 만들기도 한다.

둘째, 어떤 경우에나 자기 입장에서 상황을 해석한다. 착나나는 자기가 중심이다. 소중한 자기 보호에 충실하다 보니 타인에게 나쁜 짓도 벌인다. 나르시시즘 성향이 많으니 상대의 입장이 아니라 세상의 중심인 자신의 입장에서 사태를 해석한다. 그래서 만약 일이 잘못되면 이렇게 말한다.

"성과를 못 낸 자기도 속상하겠지만 나도 보람 없이 자기만 고생시킨 거 같아 참 속상해. 내 진심 잘 알지? 그리고 다음에 또 이런 기회가 생기면 다시 확실하게 밀어줄 테니까 그때는 잘해야 해. 알았지?"

자기가 기회를 양보한 것을 강조한다. 상대가 실패에 착잡한 마음일 텐데도 그 상황에서 자기의 착함만을 인정받으려 한다. 여기까지는 나르시시즘 성향이다. 하지만 마지막에 또 밀어주겠다는 말 속에는 나르시시즘만 있지 않다.

셋째, 자기의 일을 미루고 더 편하려는 마키아벨리안다운 계

산을 착함으로 위장한다. 자기의 이익을 위해 남을 속이는 것은 마키아벨리안의 특성이다. 그런데 마키아벨리즘이 1큰술 정도 들어가 있으니 권모술수에 엄청 능하지는 않아도 자기의 전략 몇 가지는 계속 밀어붙인다.

넷째, 상대의 인성을 공격한다. 착나나는 기본적으로 자기의 인성을 강조하는 전략을 쓰는데, 상대가 의심하는 것 같으면 엄청 서운해한다. 그러면서 상대를 인간 말종인 것처럼 몰아붙인다. 심지어 상대가 하지 않은 말까지 들먹이면서 말이다.

"그럼 내가 선물 줬던 것도 나중에 일 미루려고 미리 기름칠 했다는 거야? 이남석 대리가 그렇게 사니까 다른 사람도 그럴 거라고 생각하는 거 아냐?"

이렇게 비굴형 사디스트의 성향도 드러난다. 워낙 완강하게 나오니 상대가 오히려 오해했나 싶어 착나나에 대한 공격을 멈춘다. 혹시 착나나의 실체를 알아챘다 하더라도 실제로 대부분의 경우에는 그저 '착나나는 말해 봤자 소용없는 사람'이라는 생각에 실랑이를 멈춘다.

착나나에게는 '말해 봤자 소용없는 사람'이라는 평가가 나쁘지 않다. 자기는 일관되게 착한 사람이니까, 오해를 받아도 일관되게 자기 신념을 지키며 살아가는 사람이라는 증거로 생각한다.

다섯째, 착나나는 일 미루기만 잘하는 게 아니라, 잘못을 뒤집어씌우기도 잘한다.

"과장 진급을 눈앞에 둔 김 대리가 더 조명받게 도와준다는 생각으로 저는 서포터 역할에 충실했던 게 문제라면 문제네요. 그런데 애초에 결정은 김 대리가 다 하고 책임도 본인이 지겠다고 했어요. 그래도 옆에서 제가 더 적극적으로 지시하고 충고했다면 결과가 다르지 않았을까 후회되네요. 김 대리가 화내고 짜증 내기는 했겠지만 상황이 이렇게까지 벌어지지는 않았겠죠. 늘 팀원을 믿고 지지하는 제 성향상 김 대리가 자기 맘대로 문제를 일으켜도 제어하지 못한 것이 안타깝습니다."

김 대리는 착나나 덕분에 조언을 들어도 화내고 짜증 내는 사람, 잘못의 시작과 끝을 책임져야 하는 원흉이 되고 만다. 한편 착나나는 나쁜 놈이 아니라, 착해서 답답한 사람이 된다. 자기가 답답한 게 아니라, 상대가 답답한 것이 핵심이다. 사디스트가 좋아하는 타인의 고통, 스트레스를 확인하니 기분이 나쁘지 않다. 상대가 답답해하는 게 자신은 그 정도로 순진하게 착한 사람이라는 증거이니 기분이 좋아진다. 그리고 사디즘 성향까지 있으니 상대를 답답하게 하는 고통을 줘서 더욱 기분이 좋기도 하다.

지가 착한 줄 알면서 더 나쁜 짓만 하는 나쁜 놈

[마키아벨리즘 2큰술 🥄🥄 + 나르시시즘 3큰술 🥄🥄🥄 + 사디즘 1큰술 🥄]

"이번에 벤처 캐피탈 다니는 우리 사촌 형이 내부 펀드 정보를 줬어. 직원들 복지 차원에서 푸는 거라는데, 50% 수익이 나면 자동 해지된대. 직원들 돈이니까 회사 어벤저스 팀이 완전 알짜에 투자한대."

김성준 대리는 주변을 살피며 은밀하게 말했다. 최만호 대리도 덩달아 남들 시선을 신경 쓰며 김성준 대리의 이야기에 귀를 쫑긋 세웠다.

"내가 그 형 인간적으로 챙겨 주니까, 착한 동생이라고 나에게 제안한 거야. 생각해 보니 너도 나에게 잘해 줬잖아. 길게 갈 직장 동료끼리 좋은 건 나눠야지. 그냥 동료도 아니고 특별히 친하니까 나랑 너 반반, 즉 천만 원 씩 나눠서 넣으면 어때?"

최만호 대리는 미소를 지었다.

'하긴 내가 잘해 주기는 했지. 너도 이제 인간이 되었구나.'

그동안 김성준이 얌체같이 굴고 잘난 체하며 기분 나쁘게 했던 게 떠올라 최만호가 잠자코 있는 사이에 김성준은 속사포처럼 이야기를 쏟아

냈다.

"넣기 싫어? 그러면 돈을 빌려줘. 천만 원 빌려서 2천만 원 넣어 6개월 뒤에 천만 원 벌면 바로 갚을게. 이자도 은행 이자 두 배로 줄게. 아, 하긴 내가 마이너스 통장 신용대출 받아서 해도 되겠구나. 최대 6개월 정도만 여윳돈 굴려서 너에게 도움되라고 한 건데, 네가 못하면 나만 하지 뭐. 괜히 말을 꺼낸 죄로, 돈 벌면 밥 한 끼 쏜다! 네가 벌 수 있었던 오백만 원까지는 아니어도 오만 원짜리는 사 줄게."

계속되는 이야기를 듣자니 최만호는 속상해졌다. 아직 이렇다 저렇다 결정도 하지 않았고 이 펀드에 돈을 넣지도 않았는데 자신이 투자하지 않고 이 펀드가 수익률 달성에 성공했을 때 느낄 후회, 자책, 질투 등 고통이 생생하게 느껴졌다. 그래서 계좌 잔고를 확인하며 머릿속에서 계산하기 시작했다. 나중에 벌어질 일은 까맣게 모른 채.

마키아벨리즘이 좀 더 많이 들어간 착나나도 있다. 일명, **더 고약한 착나나**이다. **마키아벨리즘 2큰술, 나르시시즘 3큰술, 사디즘 1큰술**이 섞이면 그 맛은 더 고약해진다. 마키아벨리즘이 일반 착나나보다 강하니 상대를 더 잘 조종해서 착나나인 것을 들키지 않고 나쁜 짓을 하기도 한다.

이런 유형의 착나나는 늘 이렇게 말한다.

"나는 허당이야. 웬만하면 내가 손해 보고 넘어가는 타입이라니까."

이것은 거짓말이 아니다. 실제로 자신이 착하다고 믿는다.

왜? 나르시시즘이 여전히 3큰술로 많이 들어가 있으니까.

그런데 착나나는 어떻게 자신이 착하다고 확신할까? 주관적인 기준이 아니라, 객관적으로도 자신이 착하다는 증거가 넘쳐나기 때문이다. 정말? 정말이다. 착나나에게는 객관적 증거가 세상 천지에 깔려 있다.

미국 심리학자 레온 페스팅거Leon Festinger의 사회 비교 이론으로 이 현상을 설명할 수 있다. 대개 인간이 자기 자신에 대해서 판단할 때는 구도자가 명상하듯 오롯이 자신만의 깊은 내면으로 파고드는 게 아니다. 더 간단하게 자기 자신에 대해서 판단할 수 있는 방법이 있다. 그것이 바로 사회 비교이다.

내가 착한 사람인지를 판단할 때, 착함의 본질을 정의하고, 착함의 절대적인 가치를 세우고, 자신의 가치관과 일치 정도, 실제 실행한 정도를 놓고 생각하는 것은 힘들다. 그래서 대부분의 사람은 자기 주변 사람들과 비교하며 자신의 능력이나 태도 등을 판단한다. 그런데 여기에 변수가 있다.

비교에는 방향이 있다. 상향 비교와 하향 비교. 자신보다 더 나은 사람과 자신을 비교하는 상향 비교를 하면 좌절감을 느끼고 자존감이 떨어지기 쉽다. 자신보다 더 못한 사람과 자신을 비교하는 하향 비교를 하면? 성취감과 자존감이 올라가기 쉽다. 다른 사람에게 존중과 사랑을 받는 게 당연하다고 여기는 나르시시스트라면 어떤 비교를 선호할까?

나르시시스트는 하향 비교를 한다. 즉 자기보다 착하지 않

5장 지가 착한 줄 아는 나쁜 놈

은 사람들과 자신을 비교한다. 급하게 몇 만 원 빌리고 모르는 척 안 갚는다고 상대가 따지면(나르시스트는 상대가 자신에게 잘해 주는 것을 당연하게 여겨서 실제로 빌린 것을 기억하지 못한다), '그래, 마음 넓은 내가 그냥 손해 보지.' 하면서 자기가 빌린 몇 만 원보다 훨씬 값싼 간식을 사 주거나 모바일 쿠폰을 보내는 식으로 넘어가려 한다. 상대가 정색하며 "이런 거 필요 없고 돈이나 갚아 주세요."라고 하면 정말 억울해한다. 기억이 나지 않음에도 불구하고 상대를 생각해서 뭐라도 해 주려고 한 건데, 그런 착한 자신을 단단히 오해했다고 생각한다. 설령 자신이 돈을 안 갚은 사실이 드러나도 거액의 사기를 쳐 뉴스에 나오는 범죄자와 자신을 비교한다. 자신의 행동은 작은 실수이고, 범죄자는 철저하게 간악한 의도로 하는 행동이라 여기니 자신이 엄청 착하다고 확신할 수밖에 없다.

착나나는 항상 하향 비교를 하여 자신이 착하다고 확신한다. 여기에 마키아벨리안 성향이 2큰술 이상, 즉 중간 수준 이상으로 더 강하게 들어가면 문제가 커진다. 착나나이면서도 이익에 민감한 마키아벨리즘이 더 들어가 있으니 이익 계산을 더 잘한다. 하향 비교 대상인 더 나쁜 놈이었으면 단번에 자기 것으로 만들었을 이익을 포기하는 자신은 착한 사람이라고 굳건하게 믿는다. 그리고 포기하지 못할 정도로 군침 도는 이익 앞에서는 '그동안 착하게 참았으니 이번에는' 하는 마음으로 바로 이기적인 계략을 꾸민다. 그동안 꾹꾹 참으며 쓰린 속을 달랬던 것을 보상받으려 더 나쁜 짓을 벌인다.

잠깐, 쓰린 속이라고? 진실하게 착한 사람도 아닌 '착한 줄 아는 나쁜 놈'인 착나나이다 보니 착한 자신이 늘 손해를 보는 것 같아 스트레스를 받는다. 왜 착한 자신은 스트레스를 받고 큰 죄를 짓고도 법망을 빠져나가는 나쁜 놈들은 즐겁게 지내는지 회의가 든다. 착나나 때문에 정작 스트레스를 많이 받는 직장 동료가 들으면 복장 터지는 말이겠지만, 착나나도 스트레스를 받는다. 그래서 당당하게 나쁜 짓을 벌인다.

'내가 너무 착해서 다른 사람들에게 늘 이용당하는 거야. 이건 정의롭지 않아. 공정하지도 않지! 나만 당하고 살 수는 없어. 이번 일에서는 내가 이득을 좀 봐야겠어.'

짜잔. 여기서부터 급발진이 시작된다. 남을 속여서라도 자신의 이득을 추구하는 마키아벨리안 성향이 2큰술 이상으로 불타오르기 시작하면 더 고약한 착나나는 신나게 일을 꾸민다.

"그동안 내가 잘해 줬으니 이 정도는 해도 괜찮아."

상대가 동료든, 아랫사람이든, 상사든 상관없다. 돈이든, 일이든, 사람 소개든 상관없다. 상대에게는 손실이지만, 자신에게는 이득인 일을 마치 상대를 위해서 제안하는 것처럼 꾸미고 집요하게 요구한다. 정의구현 하는 심정으로 당당하게. 상대는 고약한 착나나를 이기적이라고 오해한 게 아닐까 자책하며 그가 파놓은 함정에 빠지게 된다.

만약 앞의 예시에서 나온 상황에서 돈을 따면? 도박의 '타짜'

를 떠올려 보기를. 이득을 상대에게 돌려주는 것처럼 보이지만 그것은 더 큰 자기 이익을 위한 계략일 뿐이다. 마키아벨리안이 잘 쓰는 계략.

고약한 착나나는 마키아벨리즘 성향이 더 강해서 진짜 착한 사람인 것처럼 상대를 속일 수 있는 능력이 있다. 그래서 상대는 '어, 어, 어' 하다가 배신당하고 상처 입고 손실에 정신을 못 차리면서도 이렇게 말하게 된다.

"그럴 사람이 아닌데, 왜 그랬지? 내가 모르는 사정이 있겠지. 얼마나 미안하면 미안하다는 긴 문자만 남기고 연락도 끊었겠어? 어쩌면 내 잘못도 있는데 혼자만 괴로워하겠네. 괜히 일을 벌이자고 해서 좋은 사람만 잃었네."

한편 고약한 착나나는 이익에 민감하게 전략을 짜니 돈을 잃지 않는다.

"나도 네게 소개한 펀드에 투자해서 잃었어. 너만 그런 게 아니야."

자기가 소개료를 챙겨서 얻은 이익은 숨기고 거짓으로 같은 피해자인 척하는 것이다. 상대는 이에 속는 거고.

사기를 당한 사람을 인터뷰하면 '원래 그런 사람이 아니다'라며 고약한 착나나의 장점을 늘어놓는다. '상황 때문에'라면서, 심지어 고약한 착나나가 할 만한 변명을 대신해 주기까지 한다. 어처구니없지만 이게 다 마키아벨리안 성향이 더 강한 고약한 착나나에게 이미 속아 넘어갔기 때문이다.

스스로 정의롭다고 여기고 공정함을 외치면서 다른 한편으론 이상한 짓을 벌이는 나쁜 놈도 더 고약한 착나나에 해당한다. 겉으로는 "이번 프로젝트 배분은 공정하지 않아요."라며 상부에 보고해서 시정받는 수준에서 멈추는 게 아니라, 내부고발자에 빙의해서 회사 외부 커뮤니티에 알리거나, 관련자를 음해하는 등 선을 넘으며 적극적으로 항의한다. 하지만 사실은 자기가 하기 싫은 일이거나, 다른 프로젝트가 더 탐나서 하는 행위일 수 있다. 고약한 착나나가 말하는 공정은 객관적인 공정함이 아니다. 본인이 생각하는 공정함이다. 그 생각에는 자신의 이익이 들어간다. 그리고 다른 사람이 고통스럽더라도 우월한 정의관을 가진 자신의 생각을 밀어붙이려 한다.

지가 착한 줄 알면서 최악의 나쁜 짓만 일삼는 나쁜 놈

[마키아벨리즘 2큰술 🥄🥄 + 나르시시즘 3큰술 🥄🥄🥄 + 사디즘 2큰술 🥄🥄]

사례

장현진 사원은 사람이 무섭다는 걸 요즘 절감한다. 그동안 속내를 털어놓으며 친하게 지냈던 윤채린 대리에게 뒤통수를 맞았기 때문이다. 윤채린 대리는 경력직으로 들어왔다. 하지만 회사에 적응하는 건 신입이나 마찬가지라며 함께 잘해 보자고 장현진을 많이 다독여 줬다.

직장생활이 처음인 장현진을 위해 윤채린 대리는 자신이 그 전 직장에서 당한 일도 이야기하고, 현재 직장에서 나쁜 놈도 잘 분석해 줬다. 착하고 지혜로운 사람이라 생각해서 평소에도 친하게 지냈다. 업무적으로도 아이디어를 많이 주고받았다.

그런데 어느 날, 장현진의 아이디어를 윤채린이 발전시켜서 마치 원래 자기 것인 양 보고하는 게 눈에 띄었다. 처음에는 참았다. 그런데 얼마 지나지 않아 그런 일이 또 발생했다.

'이게 뭐지? 자기도 그런 일을 당해서 속상해 이직했다면서?'

장현진은 속상해서 윤채린의 뒷담화를 하고 다녔다. 아차. 윤채린과 더 친한 사람 귀에 들어갈 수 있단 걸 그리 심각하게 생각하지 않았다. 오히려 윤채린 주변 사람들이 아는 것도 나쁘지 않을 거라 여긴 것도 사실이다.

그러던 어느 날 윤채린이 장현진을 불렀다.

"요즘 왜 나를 대하는 게 달라졌어?"

장현진은 머뭇거리다가 사실을 말했다. 장현진의 얘기를 들은 윤채린이 차가운 미소를 지으며 말했다.

"그런 오해가 있었구나. 내가 더 잘할게. 이번 사내 벤처 프로젝트 기획은 내가 확실하게 도와줄게. 내가 도와줬다는 게 알려지면 자기가 덜 돋보일 테니 비밀로."

그다음부터 윤채린은 장현진의 일을 마치 자기 일처럼 도왔다. 기획을 뒷받침할 요소를 찾도록 비판적 피드백을 해 준 덕에 장현진은 더 열심히 일했다. 비 온 뒤에 땅이 굳는 기분이었다.

"이 정도면 이제 팀장님께 보고해서 검토받아야 하지 않을까요?"

장현진이 이렇게 제안해도 윤채린은 좀 더 완벽하게 만들어서 제대로 평가받아야 한다고 말했다. 그렇게 기획을 더 정교화하다가 마감 기한 3일 전이 되었다. 팀장이 장현진을 불렀다.

"이번 사내 벤처 기획은 포기한 거야? 윤 대리는 벌써 냈는데?"

설마설마했다. 기획 키워드를 보니 윤 대리가 장현진의 기획을 채 간 게 분명했다. 장현진은 바로 윤 대리를 찾아가 따졌다. 윤 대리는 적반하장 식으로 펄쩍 뛰었다.

"뭐? 그동안 징징거리는 거 다 들어주며 오냐오냐 해 줬더니 네 맘대로 생각하는구나? 함께 이야기하다가 나온 아이디어를 내가 발전시킨 걸 훔쳤다고 하니?"

윤채린 대리는 정식으로 사과하지 않으면 그동안 장현진이 직장 상사들 욕한 것 등을 다 까발리겠다고 했다. 그동안 이메일로 주고받은 기획 문서도 장현진이 윤채린을 뒷담화한 것에 대한 사죄의 마음을 담아 자발적으로 도와준 것이라고 이미 다른 사람들에게 거짓말을 해 놓은 상태였다. 기가 막혔다. 장현진은 그제야 함정에 빠졌음을 깨달았다. 사람들은 장현진과 거리를 뒀다.

너무나 억울하지만 장현진의 말을 믿는 사람은 없었다. 강하게 항변할수록 직장에서 더욱 고립되는 느낌이 들자, 장현진은 진실 여부와 상관없이 일단 상황이 좀 더 나아졌으면 하는 마음이 절실해졌다. 우선은 윤채린과 다시 가까워져야겠다는 생각에 연락하자, 윤채린은 직접 얼굴 보며 이야기하기는 싫다고 했다.

"이메일로 네가 뭘 잘못했는지 다 말하면 내용 보고 우리 관계를 다시 생각해 볼게."

장현진은 피를 토하는 심정으로 사과의 이메일을 보냈다. 그러자 윤채린은 있지도 않은 장현진의 잘못을 짚으며 '버르장머리 없는 사원을 올바르게 계도하는 선배' 이미지에 맞는 답장을 쓰면서 그것을 다른 팀원에게 숨은 참조 이메일로 공유했다. 장현진은 더 본격적으로 동료들에게 따돌림을 당하며 그녀의 진짜 고통은 그때부터 시작되었다. 반면 윤채린은 사내 벤처 프로젝트에 선정되어 더 의기양양해졌다.

착나나가 **마키아벨리즘뿐만 아니라 사디즘 성향까지 높다면** 어떨까? 이득을 얻는 수준이 아니라, 상대가 괴로울 만한 손실, 상처를 주기 위한 일까지 꾸민다. 결과적으로 마키아벨리즘과 사디즘을 결합시켜 자신에게는 최고 이익을, 본인이 생각하기에 나쁜 상대에게는 되갚아 줄 최고의 고통을 계산해 상대에게 최악의 결과를 안긴다. 이런 인간이 바로 **마키아벨리즘 2큰술, 나르시시즘 3큰술, 사디즘 2큰술**이 섞여 태어나는 **최악의 착나나**이다.

스스로 진짜 착하다고 믿는 사람인데 어떻게 사디스트 성향이 있을 수 있냐고? 앞에서 지적했던 하향 비교를 잊지 말자. '나 정도면 괴롭히는 것도 아니야' 하는 마음으로 남을 괴롭히는 거다. 대학 신입생 환영 술자리에서 선배가 짓궂은 술 게임을 강요하며 자신이 당했던 불합리한 일이나, 학교의 전설로 남은 만행과 비교하여 "이 정도? 넌 참 복 받은 거야." 하는 것처럼.

이런 최악의 착나나는 딱 봐도 싫을 것 같다. 사람들이 분명 곁을 주지 않을 텐데 어떻게 사람들에게 다가갈 수 있는지 이해되지 않는다. 다시 한번 말하지만, 착나나는 하향 비교의 천재이다. 자기보다 더 나쁜 놈들을 잘 찾는다. 그들이 왜 나쁜 놈인지를 이익과 고통 측면에서 다른 사람에게 꼼꼼하게 분석해 주면서 자신은 지혜로운 사람이라는 인상을 준다. 분석력도 최고이다. 그것을 일반 사람들은 순수한 도움이라고 생각한다. 최악의 착나나도 자신이 엄청 많이 도와준 것이라고 생각한다. 착한 사람이라고 스스로 칭찬한다.

최악의 착나나는 자신이 분석한 그런 나쁜 놈들과 자신은 완전 다른 사람이라는 인상을 심어 주는 일도 열심히 한다.

"그 나쁜 놈들이 성공은 했잖아. 성공하려면 나처럼 바보같이 살면 안 돼. 알아. 나처럼 살면 사는 게 너무 힘들다는 거. 그래도 그런 나쁜 놈들처럼 살면 안 되잖아. 그게 어디 사람답게 사는 건가?"

상대는 최악의 착나나 말을 믿는다. 최악의 착나나는 주변의 나쁜 놈들에 대한 정보도 많이 갖고 있다. 왜? 나쁜 놈으로서의 성향을 발휘하며 하향 비교를 하느라 남들보다 정보를 더 많이 모았기 때문에.

"이제 친해졌으니 특별히 말해 줄게. 실은 이남석 대리가 술을 마시면 얼굴만 빨개지는 게 아니야. 이성을 잃고 일을 벌이는데, 지난번에는 이런 일도 있었어. (중략) 그런데 술 마시지 않았을 때에도 그런 습성이 나오더라고. 한번은 이런 일도 있었어. (중략) 그러니 조심하는 게 좋아."

이런 이야기 덕분에 사람들은 최악의 착나나가 남을 도와주는 좋은 사람, 지혜로운 사람이라 여긴다. 그래서 어떤 사람에게 좀 이상한 낌새를 느끼면 최악의 착나나에게 상담을 요청하기도 한다. 그러면 또 술술 잘도 풀이해 준다. 마키아벨리안 성향이 강해서 다른 나쁜 놈이 어떤 짓을 벌이는지 잘 알기에 가능한 일이다.

비슷한 미끼를 여러 사람에게 던져 놔서 일대의 나쁜 일에 대한 정보를 많이 가지고 있으니 상대에게 말할 거리도 많다. 상담을 요청하는 사람들은 최악의 착나나를 좋은 사람이라고 생각해서 온 거라 자신의 약점도 흘리게 된다. 그 약점을 최악의 착나나는 놓치지 않는다. 고통을 주는 포인트를 정확히 잡는다. 상대가 최악의 착나나를 멀리하면, 이득을 취하면서도 배신자를 응징할 방법을 찾는다.

"그동안 내가 해 준 게 얼마나 많은데, 이 정도 챙기는 건 괜찮아. 배은망덕한 그놈은 당해도 싸."

마키아벨리즘과 사디즘 수준이 낮은 착나나는 그냥 '재수 없는 사람' 정도이다. 하지만 마키아벨리안 성향과 사디스트 수준이 모두 높은 최악의 착나나는 매우 위험하다. 상대가 괴로워할수록 이익을 더 많이 챙기고, 스스로는 정의구현까지 한 거라 여기며 나쁜 짓을 멈추지 않는다.

착나나 무찌르기

첫째, 정의구현 명분으로 먼저 공격하려고 하지 말자. 착나나에게 당하다 보면 진정 정의가 뭔지 보여 주고 싶은 마음이 든다. 나쁜 놈을 묵사발 내는 착한 사람의 시원한 복수극! 착나나의 거짓 복수극이 아니라, 당해만 왔던 울분을 담아 시원하게 복수하는 것을 꿈꾸기만 해도 스트레스가 풀리는 듯하다.

하지만 상상과 현실은 다르다. 안타깝지만 이게 사실이다.

어둠의 4총사 중 3개를 세트로 갖고 있는 사람을 상대로 섣불리 공격하려 하지 말자. 기본형 착나나가 아니라, 고약한 착나나의 경우 3개의 성향을 결합시켜 지독한 반격을 벌일 수 있다. 그러고 나서 착나나는 정당하게 복수했다고 다른 사람에게 자랑할 것이다. 착나나를 공격하려면 혼자가 아닌 전문가와 협의하거나 유관 기관의 도움을 받을 생각을 해야 한다.

둘째, 갈팡질팡할 때 가볍게 선을 긋자. 착나나와 어떤 일을 하든 처음에 지지부진 뒤틀어지는 경우가 많다. 그때 그것을 핑계로 착나나와 거리를 두는 게 상책이다. 착나나가 노골적으로 본색을 드러내면 지옥문이 열리니.

'그동안 너를 죽 지켜봤더니 네가 나쁜 놈인 것 같아'라는 내 생각을 눈치채지 않도록 가볍게 말해야 한다. 영원한 관계 단절을 암시하는 단어보다는 '이런 일은!', '이번에는!' 이런 말을 쓰자.

"좋은 의도로 하신 거 잘 알지만 지금은 제가 좀 힘드네요. 이제 이런 일로 부딪히지 않도록 저부터 조심할게요!"

"이번에는 잘 안 되었네요. 이런 일이 또 반복되지 않도록 제가 따로 시간 두고 연구할게요!"

셋째, 착나나의 착한 이미지를 공략하자.

"우리 모두 나쁜 사람이 아닌데 일이 좀 꼬이네요. 이러다 정말 서로에게 상처가 되면 안 되니 잠깐 여기서 멈추도록 할게요."

착나나는 마키아벨리안적 성향도 있어서 자기 이익을 실현해 줄 대상을 찾는다. 나쁜 짓을 해서 이익을 빼먹으려면 그만큼 미끼를 던져 인간관계를 올가미처럼 더 엮어야 한다. 그런데 올가미를 가위로 싹둑 잘라 내는 것처럼 선을 그으면 그 앞에서 멈추는 정도가 아니라 다른 대상을 찾아 아예 후퇴한다.

노골적인 선 긋기 방법은 동료와 후배에게 쓸 수 있다. 하지만 직장 상사가 착나나인 경우에는 노골적으로 거리를 두는 게 힘들 수 있다. 상사는 자신이 착하다 여기고 정당한 처벌이라며 부당한 지시를 더 많이 쏟아 낼 테니. 그렇다면 어떻게 해야 될까? 네 번째 대응 방법이 필요하다.

넷째, 일명 '돌려까기'를 실행하자. 말은 '돌려까기'지만 자세히 살펴보면 '정면돌파'이다. 왜냐하면 착나나의 기본 레시피부터 공략하기 때문이다. 착나나는 자신이 착하다고 철석같이 믿고 있다. 네 번째 대응 전략은 그 점을 이용한다.

"팀장님! 제가 들은 게 맞아요? 다른 팀장님이라면 모르겠지만 적어도 우리 팀장님은 그럴 분이 아니시잖아요? 제가 오해하는 거 맞죠?"

여러분이 이렇게 말하면 착나나 상사가 자신을 놀린다며 화를 낼까? 아니다. 착나나는 자신의 착한 성품을 다른 사람에게 인정받기 좋아하는 나르시시스트 성향이 가장 강하다. 상대가 자신을 착하다고 인정한다는데 반대 모습을 바로 보이기 힘들다.

착나나 상사는 이렇게 반응한다.

"누가 그래?"

처음에는 부정하다 구체적 증거를 들이밀면 다음과 같이 태세 전환 한다.

"에헤, 이 사람…. 내 말 좀 들어 봐."

착나나의 이야기를 들으면서 설득당하면 안 된다. 착나나가 대는 핑계를 조목조목 따져 보면서 마키아벨리안 성향으로 꾸며서 내놓는 제안의 수위를 낮춰야 한다. 단, 기분 나쁘게 따지는 식이어서는 안 된다.

'좋은 팀장', '착한 상사'라는 믿음을 깨뜨리지 않고 싶어, 충심으로 확인하기 위해 질문한다는 식으로 계속 말해야 한다.

이 돌려까기 전략은 아첨과 다르다. 아첨은 그냥 듣기 좋은 말을 나열하는 것이다. 확인용 질문이 아니다. 착나나는 "나니까 욕을 먹어 가면서까지 진짜 도움되라고 이런 말을 하는 거야."라고 하는 사람임을 잊지 말자. 그게 그들의 진심이다.

여러분도 착나나 버전으로 말하면 된다.

"팀장님, 제가 욕먹거나 오해를 받더라도 확인해야겠습니다. 정말 이거 맞나요?"

'팀장님은 착하다'라는 여러분의 믿음을 지키기 위해 착나나 상사는 무리한 지시와 요구를 하지 않으려 노력한다. 자신이 교주이고, 여러분이 열렬한 신자인데 그 신자에게 의심할 여지를 주는 게 마키아벨리즘으로 따져 보면 이익이 아닌 손해이기 때문이다.

더 좋은 상사가 되라고 알려 주는 게 아니다. 더 나쁜 상사와 너는 다르지 않다는 말을 '오해의 소지가 있다'라는 전제를 달고 경고하는 게 핵심이다. 착나나는 그 '오해'를 바로잡기 위해 움직인다.

6장

'갑질'은 나의 기쁨,
'갑질'만 일삼는 나쁜 놈

나권사
나권싸

특성: 우월, 통제, 고통

- 예의를 강조하면서 공과 사를 불문하고 권위적으로 누르는 사람
- 사소한 것까지 자기 규칙을 강조하며 통제하려는 사람
- 상대가 불합리한 점을 따지면 더 독하게 나쁜 짓으로 밀어붙이는 사람

부끄러움을 모르는 '갑질', 오로지 '갑질'이 목적

[나르시시즘 2큰술 🥄🥄 + 권위적 사디즘 2큰술 🥄🥄]

사례

"제대로 된 직장인이라면 적어도 오전 8시 30분까지는 나와서 업무 준비를 해야지."

이런 말을 들었을 때만 해도 백도경 사원은 별로 걱정하지 않았다. 그 정도는 눈치껏 맞출 수 있다고 생각했다. 하지만 오후 6시 10분에 업무를 모두 마쳤고, 정리까지 했으니 퇴근하겠다고 하자 김태형 팀장이 난리 쳤다. 백도경은 아차 싶었다.

정해진 업무 시간을 지켰을 뿐만 아니라, 상사의 논리대로 업무 준비와 정리까지 했으니 방해할 이유가 없다고 생각했다. 아무렴. 나쁜 놈이 아니라면.

그때 알았다. 김태형 팀장이 원한 건 그가 말한 것처럼 업무 준비와 정리가 아니었다.

"아까 말한 조사 보고서 월요일 오전까지 받을 수 있겠지?"

김태형 팀장은 금요일 오후 5시 30분에 백도경 사원에게 물었다. 형식은 의문문이지만 내용은 주말에 일하라는 지시가 함축된 명령문임을 백도경은 '직장에서 터득한 국어 독해 시간'을 통해 잘 알게 되었다.

백도경은 잦은 회식도 싫었다. 말은 부서 단합이라지만 분위기는 단합과 거리가 멀었다. 김태형 팀장이 중심이 되어 자기 하고 싶은 걸 맘껏하는 시간일 뿐이었다. 백도경은 술 마시는 걸 강요받기 싫어서 애초에 술을 전혀 마시지 않았다. 그러자 오히려 더 술을 먹이며 괴롭혔다.

"회식에서 1차만 참석하고 감히 사라져? 기본 예의도 예의지만, 그렇게 팀워크를 해치는 사람을 내가 그냥 둘 수 없지."

팀워크를 다진다며 주말에는 산행 모임을 갖는다고 불러내기도 했다. 답답한 마음에 친구들에게 말했다. 그러자 팀장이 우월한 지위를 이용해 자기가 원하는 것을 끝까지 얻어 내려는 '갑질'을 하고 있다고 입을 모았다. 한 친구는 더럽지만 경력과 경제력을 지키기 위해 지금 당장 직장생활을 그만둘 수는 없으니 타깃에서 벗어나는 게 급선무라며 다음과 같이 조언했다.

"한 달 정도 '오냐, 한번 해 보자' 깡기는 심정으로 아예 오전 7시 30분에 출근하고 오후 10시에 퇴근하고, 늦게까지 회식에 참석하고 주말 산행도 웃으면서 나가 봐."

당연히 그렇게 하기 싫었다. 하지만 너무 괴롭히니 상황이 좀 나아질까 싶어 조언을 따랐다. 결과는 참혹했다. 쉬지 못하니 수면 부족과 건강 악화로 업무 성과가 떨어졌다. 객관적 성과가 안 좋아지니 그걸 핑계로 또 못살게 굴었다. 정신적으로 육체적으로 피곤해진 백도경은 원흉인 나쁜 놈이 없어지기만을 바라며 회사에 근근이 나가고 있다.

주말, 야간 등 업무 시간 이외에 개인적인 일이든, 회사일이든, 산행이든, 부서 모임이든 불러내는 나쁜 놈이 있다. 더 높은 상사에게 잘 보이려고 직원들을 동원하는 것일까? 그렇다면 마키아벨리안이다. 남들이 누려야 할 휴식을 빼앗아 자기가 좋은 평가를 받는 이익을 추구하는 것.

그런데 이 장에서 다룰 변종의 나쁜 놈, 일명 '**나권사**'에게는 마키아벨리즘이 없다(나권사는 특정 종교를 음해하려는 의도로 만든 단어가 아니다. **나**르시시즘과 **권**위적 **사**디즘을 줄여서 이름 붙인 것이다. 그리고 이후에 살펴볼 변종에는 사이코패시가 결합되어 있어 앞 글자만 따서 '나권싸'라 이름 지었다. 오해하지 마시기를). 마키아벨리안처럼 자기의 이익을 숨기고 계략을 꾸며서 함정에 빠뜨리지 않는다는 의미이다. 나권사는 마이 웨이로 신나게 나쁜 짓을 즐긴다.

나르시시즘 2큰술에 권위적 사디즘 2큰술을 넣으면 나권사가 태어난다. 이런 나쁜 놈은 자기 상사가 자기 팀 직원들의 야근이나 회식 모습을 보지 못할 상황이고, 딱히 이익이 없는데도 업무 시간 외의 시간에 불러내는 나쁜 짓을 한다. 심지어 자기 위의 상사가 야근이나 단합 목적의 산행을 바라지 않는 사람이라 해도 이를 강행한다. 왜? 자기가 세상의 중심임을 확인하고, 상대가 괴로워하는 꼴을 보고 싶어서.

나권사는 권위에 기대어 직원들의 출퇴근 시간, 업무 시간, 평일 업무 외 시간, 주말 시간까지 제어하려고 한다. 마치 이런 것들이 회사의 불문율이나 되는 것처럼 말이다. 퇴근 후 당당하게 메신저와 전화를 통해 업무 지시를 하고 공식 회식 외의 모임에 호출한다. 딱히 자기 이익을 챙기기 위해서 그러는 게 아니다. 회사가 관리자인 자신에게 권한을 부여했고, 능력과 경험이 더 많은 자신의 말을 다른 사람들이 듣는 건 당연하니까. 그리고 심지어 그게 남들에게도 더 좋다고 생각하니까.

"주말에 혼자 뒹굴거려 봐야 시간 낭비지. 이렇게 함께 산으로 나오니 얼마나 좋아!"

나르시시즘 성향이 강한 이 나쁜 놈은 자신에게 권리가 있다고 생각한다. 그래서 당당하게 요구한다. 백화점에서 정당한 소비자의 권리라며 당당하게 '갑질'하는 사람처럼. 사람들이 괴로워하는 모습이 역력해도 당당하다. 자신은 우월하기에 항상 (남이 못 보고 생각하지 못하는) 최선의 선택을 한다고 여긴다. "너희들이 지금은 툴툴거려도 시간이 지나면 다들 고마워할 거야."

단순한 나르시시스트와 다르게 나권사는 사디즘 성향마저 강하게 들어 있으니 사람들이 괴로워하는 모습에 희열을 느껴서 나쁜 짓을 멈추지 않는다. 누가 불평불만을 제기해도 끄떡없다. 오히려 신난다.

'좋았어! 괴롭다 이거지. 후후후. 더 재밌어지게 강도를 높여야겠어.'

나권사는 나쁜 일을 하면서도 항상 확신에 차 있다. 주변 사람들에게는 매를 든 선생님에 빙의해서 말하고 행동한다. 회사인데도 예절, 품행 등의 단어를 쓰거나 어린이를 가르치는 식으로 대한다.

회사에서 정시 퇴근 보장, 자율 출퇴근제, 새로운 복지 정책을 공지했는데도 누군가 실제로 그 제도를 활용하면 나권사는 이렇게 말한다.

"직장생활 정말 못하네, 눈치 없이. 제도가 있다고 그걸 냉큼 써? 아직 어려서 세상 물정 모르는 거지."

회사의 객관적인 규칙보다 주관적인 자기 생각을 더 중요시한다. 상사와 직원이 아니라, 어른과 아이의 입장 차이로 생각한다. 권위형 사디즘과 나르시시즘 성향을 동시에 갖고 있어서 그렇다.

"부장님, 차 상태는 어때요?"

이 유형의 나쁜 놈은 심지어 자기 소유물에 존댓말을 붙이지 않았다고 버릇없다고 지적하기도 한다.

"부장님 차 상태는 어떠세요?"

어법에 맞지 않는데도 자신의 모든 것이 존중받아야 한다는 나르시시스트적 사고를 하기 때문이다. 아울러 대내외적으로 권위를 확인할 자신의 직함이 불려지는 것도 좋아한다.

나권사는 단순한 나르시시스트가 아니다. 상대가 곤혹스러운 표정을 지으면 자신이 남들은 이해하지 못할 높은 수준의 생각과 행동을 하고 있는 증거라고 생각하며 기뻐한다. 업무 시간 외에 불러내거나 야근을 강요했을 때 즐거운 표정인 사람이 얼마나 있겠는가. 나권사는 상대가 싫어할 것을 안다. 그래서 더 하는 거다.

굳이 사소한 것까지 매달려 '갑질'

[나르시시즘 2큰술 🥄🥄 + 사이코패시 1큰술 🥄 + 권위적 사디즘 2큰술 🥄🥄]

사례

김선우 팀장은 보고서를 휘리릭 넘기며 건성으로 보고 나서는 페이지 중간을 손가락으로 툭툭 치며 기분 나쁘게 말했다.

"기본이 안 되어 있으니 보고서 내용은 보나 마나야. 모두 대문자로 표기해."

이유진 사원은 황당했다. 보고서에서 그런 표기가 그렇게 중요한가? 하지만 직장에서는 계급이 깡패라고 생각해서 문자 표기를 바꿨다. 그러자 김선우 팀장이 또 이렇게 말했다.

"보고서 체계가 세 단계 이상이니까, 소제목 표시를 숫자로만 하지 말고 로마자로 바꿔."

그런 일이 반복되었다. 로마자로 바꿔 가면 사소한 오탈자를 문제 삼았다. 오탈자를 잡으면 소제목 서체와 글자 크기를 문제 삼았다. 그것까지 수정하고 나서야 내용에 대해 뜬구름 잡기 식 비평만 겨우 얻었다.

사생활에 대한 잔소리도 많았다. 책상 정리, 복장, 걸음걸이 등등.

이유진은 자기가 잘못한 것도 없는데 김선우 팀장이 대체 왜 저러는지 도저히 이해할 수 없었다. 왜 하는지 알 수 없는 서류 정리 작업, 단순 복사 작업, 보고서 클리핑 위치 변경 등을 반복하면서 이유진은 오늘도 심신이 지쳐 회사 가기가 싫다.

실무자가 가져온 것을 그대로 통과시키면 안 된다고 생각하는 상사가 있다. 실무자가 자기만큼 능력 있다고 인정하는 꼴이 된다며 어떻게든 흠을 잡으려 한다. 사실 상사는 실무자가 감탄할 만큼, 관리자로서 뛰어난 능력을 보여 주면 된다. 하지만 나쁜 놈은 우월한 능력이 없으니 직장에서 공인된 우월한 지위를 이용해 '갑질'하려 한다. 본인이 더 높은 수준으로 올라가는 게 아니라 상대를 더 깔아뭉개서 자신과 차이 나 보이게 만드는 방법! 그게 바로 흠 잡기다.

나권사의 기본 성향을 가지고 있는 데다 사이코패시 성향이 가미되면 흠잡는 수준에서 멈추지 않는다. 흠을 만든다. 명백히 문제가 되는 일도 시킨다. 일이 잘못되면 혼내면서 고통을 주어 재미를 얻고, 자신의 우월성과 통제력을 확인한다.

통제력! 그렇다. **나권사에 사이코패시 성향이 살짝 추가**되면 더 고약한 나쁜 짓을 한다. 강한 사이코패스처럼 엄청난 통제력을 발휘하기보다는 사소한 것에 매달린다. **사소한 것에 매달리는 사이코패스! 나르시시즘 2큰술, 사이코패시 1큰술, 권위적 사디즘 2큰술이 섞여서 되는 이 변종은 '사'가 여러 번 반복되니 줄임말로**

'싸'를 넣어 '나권싸'라고 부르겠다.

나권싸는 보고서에 잘못된 맞춤법이나 비문, 자신만의 약어를 쓰라고 강요하는 등 사소한 것을 통제하려 한다.

"이렇게 써야 더 이해하기 쉬워."

마치 대단한 노하우인 양 말한다. 그런데 결재 라인을 타고 더 높은 상사에게 보고서가 올라가면 '기본이 안 되어 있다'는 소리를 듣게 된다. 결국 보고서를 쓴 실무자가 혼난다. 이때 나권싸는 자신이 검토할 때에도 사소한 것까지 잡아 주려 노력했지만 워낙 기본이 안 되어 있어 어쩔 수 없었다고 호소하며 자신의 이미지를 지킨다.

나권싸는 이럴 때 크게 기쁘다. 직원이 자기보다 능력이 뛰어나지 않다는 게 증명됐고, 흠 잡기로 직원을 통제한 건데, 그 통제가 먹힌 거다. 게다가 직원을 제대로 통제하라고 더 높은 상사가 인정해 준 셈이며, 결국 그 직원이 스트레스까지 받았으니, 나르시시즘, 사이코패시, 사디즘 3종 세트의 쾌감을 얻는다.

그런데 왜 사소한 것에 매달리는 것일까? 보고서 '내용'으로 통제력을 발휘하려면 그만큼 능력이 있어야 한다. 능력은 없는데, 사이코패스로서의 통제력은 발휘하고 싶으니 사소한 것을 커다란 일인 것처럼 포장해서 말한다. 자기가 생각하는 가치가 실행되는지와 타인에 대한 통제력에만 관심 있는 나쁜 놈이니까.

이 유형의 나쁜 놈은 자신의 통제력을 확인하기 위해 업무를 반복해서 시키기도 한다.

"복사 다시 해 와."

"결재 났는지 확인해 봐."

"가격 조사 다시 해 와."

여러분이 밉게 보여서일 수도 있다. 하지만 나쁜 놈은 여러분이 잘해 줘도 통제력을 확인하려고 같은 일을 반복해서 시킨다. 이렇게 반복 작업을 시키는 게 상사의 당연한 권한이라고 생각한다. 권위형 사디스트 성향도 있으니.

나권싸는 늘 이렇게 말한다. '내가 설명한 내용과 영 다른 엉뚱한 보고서를 들고 오는 직원 때문에 미치겠다'고. 사실은 흠을 찾고, 흠을 만드는 상사 때문에 직원들이 미쳐 간다.

이런 나쁜 놈에게 반항하면 갖은 꼬투리를 잡아 괴롭힌다. 감정적으로 괴로워진다. 문제는 이런 나쁜 놈에게 순응해도 피곤하다는 것이다. 계속 통제력을 확인하려고 일을 더 많이 준다. 일이 많아지면 지치고, 성과도 안 좋아진다. 나쁜 놈이 주는 일이 실제 회사에서 원하는 업무와 맞지 않기 때문이다. 나쁜 놈 자신이 원하는 업무이니 당연하다.

회사에서는 좋은 성과를 내기 위해 매뉴얼, 프로세스를 정한다. 하지만 '변종의 나권싸'는 매뉴얼과 프로세스, 각자의 업무 분장 등을 싹 다 무시한다. 순간순간 자신이 하는 판단이 더 편리하고 효율적이라고 생각한다. 그리고 남을 자기 맘대로 통제하는 것도 즐긴다.

"FM대로 하는 건 생각이 없는 거야. 실무 책임자로서 상황에 맞게 바꿀 줄 알아야 해."

그러다 문제가 생기면 자기 지시를 따르지 않고 맘대로 일해서 문제가 생겼다고 몰아붙인다.

나권사·나권싸 무찌르기

겉으로 보면 업무 외의 시간에 불러내는 놈과 사소한 흠을 잡아서 혼내는 놈이 완전 달라 보일 수 있다. 하지만 기본적으로는 나르시시즘과 권위형 사디즘이 공통으로 들어 있다. 사소한 흠을 잡는 놈은 거기에 사이코패시 성향이 더해진 종일 뿐이다.

"나쁜 놈에게 걸리면 재수 없다 생각하고 그냥 버텨."

대부분 이렇게 그냥 시간을 보내려 한다. 하지만 버티는 데에도 전략적 차이가 있다. 처음 두 가지 전략은 대부분 쓰는 것들이다.

첫째, 자기 계발에 몰두해 본다. 야근을 핑계로 무한정 대기 시간을 만들어 버리는 상사가 직원의 모니터를 계속 들여다보고 있지는 않다. 모니터를 보더라도 변명할 수 있는 외국어 공부, 직무 역량 강화 관련 지식과 기술 공부 등을 해 보자. 물론 자유롭게 학원에 가서 하는 것보다는 효율이 떨어질 수 있다. 그래도 무의미하게 시간을 보내면 손해이니 이런 방법이라도 쓰는 거다. 스트레스 상태라 공부가 썩 잘되지는 않겠지만.

둘째, 나쁜 놈 대응 기술을 연마한다.

'세상에는 나쁜 놈이 많으니, 지금 이놈을 겪으며 다루는 기술을 터득해야지.'

이렇게 생각하며 자신을 다독인다. 하지만 나쁜 놈도 나쁜 짓 벌이는 기술이 상당하고 그렇게 산 지 오래라 경험도 많다. 나쁜 놈은 내가 기술을 터득할 틈을 좀처럼 주지 않는다.

'이왕 이렇게 된 거 인내심이나 키우자.' 하고 한발 물러서 생각하게 된다. 하지만 인내심을 가지기 위한 결정에도 인내심이 필요하다. 나쁜 놈 얼굴만 봐도 인내심이 바닥으로 곤두박질치니깐. 인내심이 아니라 분노가 더 커진다. 대부분 이렇게 시간을 보낸다. '기술'과 '인내심'이 실제로 길러지고 있다고 자기 최면을 걸면서. 덕분에 고통이 좀 줄어드는 효과는 있다.

첫 번째 전략과 두 번째 전략으로 실제 자기 계발에 성공하고, 나쁜 놈 대응 기술을 연마하는 경우도 있다. .

셋째, 방어를 하면서 때를 기다리는 전략을 써 본다. 나쁜 놈이 오너가 아니고 팀장급이라면 회사에서도 조치를 취하려 할 것이다. 팀장이 주관적인 자기 세계를 건설하느라 직원들을 괴롭혀서 일 잘하는 직원이 나가는 것을 회사도 원하지 않는다.

그렇지만 회사는 팀장과 팀원이 서로 "내 책임이 아니다. 최선을 다했다. 저놈이 잘못한 거다."라며 싸우는 것도 원하지 않는다. 이 유형의 나쁜 놈을 대응할 땐 이 점을 잊지 말자.

권위형 사디스트와 나르시시스트가 결합한 유형의 나쁜 놈에게는 변명을 하거나 노골적으로 책임 전가를 하면 안 된다. '노골적으로' 하면 안 된다는 거지, 하지 말라는 게 아니다.

나르시시스트는 보고서에 자신의 공헌도가 들어간 것을 좋아할까, 싫어할까? 당연히 좋아한다. 문제의 소지가 있는 보고서에는 나쁜 놈의 지시 사항을 넣는다. 문제가 생긴 다음에 넣는 게 아니라, 사전에 넣어야 한다. 지저분한 행동 같지만 어쩔 수 없다. 이 보고서를 나권사가 검토할 수도 있다. 하지만 나르시시스트 성향이 있는 나권사는 자기 지시 사항을 잘 따르려는 의지 표명으로 보지, 나중에 자신을 공격하기 위한 포석이라고 보지 않는다. 다시 강조하지만, 나권사는 일반인이 아니다. 어둠의 사총사 변종이니 정상인과 같은 사고를 할 거라 기대하지 말자.

나권사는 문제가 생기면 이렇게 말한다.

"실무자인 네가 미리 잘 챙겼어야지 너 혼자 문제를 터뜨려 놓고 이제 와서 무슨 낯짝으로 변명이야?"

나쁜 놈이 이렇게 말하는 건 어쩔 수 없다. 그해 나쁜 놈이 매긴 인사 고과가 나빠지는 것은 어쩔 수 없다는 말이기도 하다. 하지만 여러분의 평판은 지킬 수는 있다. 나쁜 놈이 말하는 것처럼 멍청하고 불성실하고 무책임한 사람이 아니라고 남들에게 인정받을 수는 있다.

이 유형의 나쁜 놈은 회사의 매뉴얼을 무시하다가 문제를 일으키게 되어 있다. 그리고 능력 있는 직원이 떠나면서 그 원흉으로 지목할 확률도 높다. 그러니 성과를 저해하는 나쁜 놈인 게 드러날 때까지 시간을 벌어야 한다. 회사도 그런 놈은 싫어한다.

생활적인 부분으로 나쁜 놈이 괴롭히는데, 왜 보고서 작성에 신경을 쓰냐고? 한국 기업은 수직적 의사 결정 체계로 되어 있다. 즉, 최고위층 오너나 경영자가 의사 결정을 한다. 나쁜 상사가 팀장급 정도의 위치라면 결정권이 없으니 최종 결정을 받기 위해 보고서 작성에 신경 쓴다. 그러면서 자신의 통제력까지 확인하려고 나쁜 짓을 벌이는 것이다.

원하는 대로 다 통제하지는 못해도, 보고서를 통해 나쁜 놈이 벌인 만행의 자취는 남길 수 있다. 나쁜 놈은 다른 사람도 괴롭히니 그 자취가 모이면 회사에서 문제 삼을 가능성도 더 커진다. 나쁜 놈에게 한 방 먹일 시한폭탄이라고 생각하면서 여기저기 그놈의 자취를 남기자. 그러면 그 자취를 따라 먹이사슬 위에 있는 사람이 움직일 수도 있다. 오너와 최고위층이 나쁜 놈이라고 해도, 자신이 아닌 다른 나쁜 놈이 통제력을 발휘하며 더 설치는 꼴은 못 봐주니까.

직장에서 '나쁜' 정치하는 나쁜 놈

나정나
나정사

특성: 권력, 복종, 패거리

- 약자에게는 강한 권력자처럼 굴고, 강자에게는 아첨 떨며 설설 기는 놈
- 정보를 조작하며 패거리를 만드는 놈

말이 좋아 정치, 실은 거짓말과 이간질의 장인

[마키아벨리즘 2큰술 🥄🥄 + 나르시시즘 1큰술 🥄]

사례

김 대리와 이 대리는 입사 동기다. 그런데 파격적으로 김 대리의 과장 진급이 결정 나고 나서 이 대리는 요즘 직장생활에 회의가 들었다. 김 대리의 능력이 뛰어나서라면 결과에 승복할 수 있다. 하지만 아첨을 잘해 부장과 임원들과의 인간관계를 돈독히 한 덕에 승진하니 일을 열심히 해서 뭐하나 싶다. 직장에서의 미래가 보이지 않았다.

그동안 이 대리는 묵묵히 일했다. 일에 집중하느라 상사에게 안테나를 세우고 잘 보이려고 맘에 없는 말이나 행동을 할 여력이 없었다. 하지만 김 대리는 달랐다. 상사와 동료, 후배와의 인간관계를 업무보다 더 중요하게 여겼다. 그래도 직장은 성과로 말하는 곳이니, 자신이 더 인정받을 거라고 이 대리는 생각했다. 그런데 이런 결과를 얻으니 황망했다.

하도 답답해서 다른 부서 팀원에게 속내를 드러냈더니, 돌고 돌아 김 대리 귀에 들어갔다. 아차, 싶었다. 평소에 본인 부서 회식만이 아니라 다른 부서 회식에도 넉살 좋게 얼굴을 들이밀고, 수시로 휴게실에 가서 차를 마시던 김 대리가 상사하고뿐만 아니라 후배들하고까지 인맥이 좋단 걸 간과했다.

김 대리는 이 대리에게 와서 직접 따지지 않았다. 대신 예전에 이 대리와 있었던 일까지 부풀려 '이 대리가 원래 속이 좁아서 그런 것'이라며 나쁜 소문을 냈다. 더 억울했다.

인간적인 면에 대한 소문에서 멈추지 않았다. 예전에 김 대리가 다른 사람 일을 자기가 할 것처럼 가져와 이 대리에게 부탁한 적이 있었는데, 그런 김 대리가 얄미워서 들어주지 않았다. 그런데 이 일이 왜곡되어 이 대리가 조직 구성원으로서 협동 의식이 없는 것처럼 소문이 나기 시작했다.

김 대리에게 직접 따졌더니 자기는 그런 소문을 낸 적 없다며 펄쩍 뛰었다. 그러면서도 다른 사람의 눈에는 그렇게 보일 수도 있었겠다고 말해 속에 더 불을 질렀다.

"내가 과장되면 그런 소문 안 나게 잘해 줄게."

그 말에 더 답답해졌다. 동기가 과장이 되어 자신에게 지시할 상황을 생각하니 회사 가기 싫어졌다. 거기에 상사들은 더 속을 긁어 놓았다.

"자네는 김 대리 동기잖아. 이미 회사가 결정 내린 인사 가지고 속 좁게 그래 봤자 자네 손해야. 동기 사랑하는 마음으로, 김 대리가 과장으로 업무를 성공적으로 수행할 수 있도록 무조건 지원해 줘. 그게 자네에게 더 도움되는 걸세."

"네…."

이 대리는 억지로 마음을 쥐어짜 내 거의 들리지 않을 목소리로 겨우 답했다.

자리에 앉아 생각했다. 지원해도 소용없을 무능한 김 대리는 결과가 좋을 경우는 자신의 공으로, 결과가 좋지 않을 경우에는 이 대리에게 책임과 비난을 돌릴 게 뻔했다. 그동안 늘 그랬던 것처럼.

'정치'라고 하면 흔히 부정적인 면을 먼저 떠올린다. 하지만 사람도 좋은 사람, 나쁜 놈이 있는 것처럼 사내 정치도 좋은 사내 정치, 나쁜 사내 정치가 있다. 좋은 사내 정치는 직장 내의 인간관계, 관행적으로 안착된 불문율, 명시적 규칙을 적절하게 활용해서 개인과 팀, 조직 전체에 이익이 되도록 하는 것이다. 이런 정치력을 가진 사람은 분명 긍정적인 능력자이다.

이에 비해 나쁜 사내 정치는 오로지 개인의 이익 혹은 함께 어울리는 패거리의 이익만을 위해서 인맥과 불문율, 규칙을 교묘하게 활용하는 것이다. 결국 인맥과 불문율, 규칙을 활용하는 것 자체가 문제인 것이 아니고 목적에 차이가 있다.

아리스토텔레스가 지적했듯이 '인간은 본래 정치적 동물'이니 인간이 모인 직장에서도 정치는 있을 수밖에 없다. 정치를 통해서 승진이 결정 나기도 하고, 사업 예산이 달라지고, 프로젝트 업무 배분이 달라지는 것은 어쩔 수 없다.

사내 정치 기술이 부족한 사람은 아무리 능력 있고, 성실하더라도 이를 발휘하지 못해 커리어가 끝장나기도 한다. 자신을 지지해 주는 상사, 동료, 후배가 없다면? 조직 입장에서 생각해 보자. 개인적 능력은 있지만 정치력이 없는 사람을 리더십을 발휘해야 하는 위치로 승진시키고 싶어 할까? 직장생활에서 사내 정치는 일정 부분 필요하며 좋은 사내 정치 기술은 성공을 위해서 꼭 필요하다.

필요하다는 건 사실인데, 지금은 그게 왜곡되어 개인의 성공만을 위해 정치하는 걸 당연시하는 문화가 생겼다. 앞에서도 말했듯이 이건 좋은 정치 기술이 아니다. 좋은 정치 기술은 직장 내의 가치, 이익, 권력의 복잡한 사슬을 파악해서 개인과 동료, 조직 모두에게 이익이 되도록 정치력을 발휘하는 것이다.

그런데 나쁜 놈이 공공의 이익은 내팽개치고 자기 이익만을 위해서 정치를 하니 문제이다. 성과와 능력이 아닌 순전히 정치에 의해서 직장이 움직이면 구성원들은 스트레스를 받고 열심히 일할 동기를 잃어 생산성도 떨어진다.

그러면 **마키아벨리즘 2큰술, 나르시시즘 1큰술**이 섞여 '**나쁜 정치를 하는 나쁜 놈**', 즉 '**나정나**'는 어떤 놈일까?

첫째, 아첨하는 놈이다. 아첨은 좋은 것을 좋다고 말하는 게 아니다. 좋지 않은 것도 좋다고 말하거나, 실제보다 훨씬 더 과장해서 말하는 것이다. 조작과 왜곡. 마키아벨리안이 잘하는 속임수이다.

나정나는 말이 아닌 행동으로 아첨을 하기도 한다. 상사가 화장실에 들어가면 밖에서 기다리다가 수건을 건네기도 한다. 일반 직원들의 개인적 애경사는 모른 척하지만 상사의 애경사는 먼 친척들 것까지도 열심히 챙긴다. 송년회, 워크샵 등의 자리나, 누구도 진심으로 웃기 힘든 재롱 잔치에도 적극적으로 나선다. 나정나는 직장에서 업무보다 이런 아첨하는 것에 더 신경 쓴다.

둘째, 자신이 이익을 얻으려고 일부러 갈등을 일으키고 조작을 일삼아 다른 사람들과 조직을 희생시키는 놈이다. 아첨이 자기 인상을 긍정적으로 만들기 위한 전략이라면, 갈등과 다툼, 조작은 다른 사람의 인상을 부정적으로 만들기 위한 전략이다.

확실하게 조작하고, 갈등을 극대화하기 위해서 잘해 주는 척해서 도움을 받고, 원하는 것을 얻으면 뒤통수를 치기도 한다. 때로는 상대에 대한 안 좋은 소문을 퍼뜨려서 회사에서 인맥을 쓰거나 다른 도움을 받지 못하도록 조작한다. 그래서 그 사람이 도태되도록 함정을 파기도 한다.

"평소에도 대인 관계에 문제가 있던 이남석 대리가 문제를 일으켜 이남석 대리가 맡았던 일을 평소 협동심이 뛰어난 네 명에게 분담시켰다. 그 결과 다양한 관점과 경험이 더해져 해당 업무 성과가 좋아졌다."

이런 보고를 최종 인사 담당자가 본다면, 이남석 대리는 문제 많은 직원으로 보여 퇴출 대상에 들게 된다.

첫째, 둘째 특징은 순전히 마키아벨리안 성향이 2큰술 이상으로 강하게 들어가 있어도 보일 수 있는 모습이다. 이제 살펴볼 세 번째와 네 번째 특징은 나정나의 매우 전형적인 특징이다.

7장 직장에서 '나쁜' 정치하는 나쁜 놈

셋째, 아첨하는 것을 본 다른 사람의 부정적 반응에 오히려 더 자랑스러워한다.

"김 대리는 이사 믿고 까불어. 정말 역겹다니까."

이런 소문이 나도 나정나는 별로 개의치 않는다. 확실한 라인을 탄 자신을 시기해서 하는 말이라 생각한다. 오히려 탁월한 정치력을 인정받았다며 뿌듯해한다.

이런 나정나는 마키아벨리즘 2큰술과 나르시시즘 1큰술이 합쳐져 만들어진다. 나르시시즘이 2큰술 이상 강하게 들어가면 상사에게 굳이 아첨하지도 않는다. 자기가 더 잘났으니까 상사든 후배든 상대가 자신을 인정해 줘야 한다고 생각한다.

하지만 나정나는 나르시시즘이 1큰술만 더해진 사람이라 자신이 충분히 매력 있어 일단 가까워지기만 하면 상대가 자기 매력에 푹 빠질 것이라고 생각한다. 그래서 일단 가까워지기 위해 아첨을 하는 것이다. 아니나 다를까. 가까워졌더니 든든한 뒷배가 돼 줄 정도로 이사가 자기를 좋아하지 않는가. 자기처럼 아첨하지도 못하면서 시기나 하는 사람들은 그만큼 능력이 없는 거다. 자신은 능력이 있고 이를 인정받기까지 한 것이고. 마키아벨리즘 2큰술도 들어 있으니 자기는 직장에서 마음대로 해도 되고, 이익도 얻은 거니 기분 나쁠 이유가 없다.

넷째, 일은 안 하고 인간관계만 신경 쓴다. 일은 안 하고 인간관계만 신경 쓰는 나쁜 놈이라고 하면 공과 사 구별 못하는 나쁜 놈이 연상된다. 하지만 둘은 완전히 다르다. 일은 안 하고 인간관계만 신경 쓰는 나쁜 놈은 공과 사 구별이 없는 게 아니다. 사내 정치에 몰입하려고 인간관계만 신경 쓰는 것이다.

그런데 그 인간관계에서 중심은 자신이어야 한다는 점에서 나르시시즘이 작동한다. 아첨을 떠는 것도 자기 이익을 위한 전략으로 하는 것이지 상사가 관계의 중심이어서 높이 떠받드는 게 아니다.

나정나는 마키아벨리즘 성향이 강한 사람답게 거짓에 능하다. 상대를 자기 패거리로 들이기 위해 협박만 하는 게 아니다. 다른 사람의 마음을 읽고 배려하는 척하기도 한다. 그 모습을 보고 천성이 좋아서 인간관계에 신경을 많이 쓴다고 오해할 정도이다.

다른 사람들의 생각과 방식을 좌우하기 위해서 끈질기게 설득하는 면모를 보이고 상대가 그 결정을 따르는 경우도 있으니 영향력 있는 사람처럼 보일 때도 있다. 그러나 이 모든 게 상대를 위한 것이 아니다.

또한 마키아벨리즘이 강해서 이익에 민감하다. 직장 내 이익을 둘러싼 역학 구도를 잘 파악해서 관계를 구축하는 모습을 직장 동료들은 인간관계에 올인하는 것처럼 생각하기도 한다. 그냥 인간관계에 올인하는 게 아니다. 이익에 올인하는 거다. 나정나는 '관계 쌓기=실적 쌓기'라고 생각한다.

자신의 이익을 실현시킬 지름길인 인간관계가 있는데 굳이 우회로인 업무에 매달릴 필요가 없다는 전략적 판단으로 일을 하지 않는 것이다. 이런 점에서 앞서 2부 도입글에서 살펴본 어둠

의 사총사와 다른 이유로, 즉 낮은 동기, 무기력 등의 문제로 일
을 미루는 나쁜 놈과도 다르다.

말이 좋아 정치, 실은 조작과 음모의 달인

[마키아벨리즘 2큰술 🥄🥄 + 나르시시즘 1큰술 🥄 + 사이코패시 2큰술 🥄🥄]

이 과장은 회사 내외의 여러 정보원을 통해 고급 정보를 알고 있는 것으로 유명하다. 업무 추진력과는 별개로 그 정보만으로도 유능함을 인정받고 에이스 대접을 받는다.

오늘 이 과장은 휴대폰을 보고 미소를 지었다. 그 모습을 본 윤 대리가 이 과장에게 다가갔다. 박 대리는 이럴 때마다 소외된 기분이다. 박 대리가 윤 대리보다 연차는 더 많은데도 이 과장의 정보를 공유받는 윤 대리가 더 큰 권력을 쥐고 있는 느낌이다.

사실 이 과장은 윤 대리에게도 자신이 알고 있는 정보를 모두 공유하지는 않는다. 사내 인사 이동, 부서 개편, 감원 계획, 신규 본부장 후보들의 이력과 특성, 오너의 눈 밖에 나 라인 자체가 정리될 위기에 있는 인물 등등 미리 알면 직장생활에 도움될 정보를 이 과장은 부서에서 독점하고 있다. 자기가 그 정보를 이용할 때 필요한 윤 대리에게만 살짝 귀띔을 해 주는 정도인데도 그 영향력이 크다. 상황이 이렇다 보니 윤 대리는 박 대리를 거치지 않고 진행하는 일도 많다. 박 대리가 윤 대리에게 따져 물으면 이렇게 말한다.

"이 과장님이 보안에 신경 쓰라고 하셔서 말씀 못 드려요."

이런 말을 들을 때마다 박 대리는 소외감과 무능함을 느낀다.

박 대리가 근무하는 회사는 특히 위계질서를 중시하는 조직이라서 위에서 아래로 가는 정보나, 아래에서 위로 올라가는 정보를 얻지 못하면 어떤 일이 터졌을 때 대응이 늦어져 힘들어질 수 있다. 답답해서 이 과장에게 정식으로 항의해도 소용없다.

"내가 다 이유가 있어서 그러는 거야. 그리고 상사인 내가 자네에게 알려 줄 의무는 없잖아."

이 과장은 이렇게 뻔뻔하게 말한다. 그래서 이 과장보다 상사인 부장에게 고충을 털어놔 보았지만 부장조차도 이 과장 눈치를 본다. 이 과장을 질책해서 거리를 두게 되면 그가 가진 정보를 얻을 수 없기 때문이다. 다른 팀원들도 그런 이 과장을 뒤에서 욕하기는 해도 앞에서는 어떻게든 잘 보여서 정보를 얻으려고 한다. 그 모습이 싫으면서도 이 과장 마음에 들어 정보 얻을 궁리를 하는 박 대리 스스로 심한 자괴감까지 느낀다.

나정나에 사이코패시 성향까지 2큰술로 더해지면 더 고약한 변종인 나정사가 나온다.

나정사는 정보를 독점하려고 한다. 직장에서 이익을 좌우하는 권력은 남이 갖고 있지 않은 정보력에서 나오기도 한다. 부서 재배치, 인사 이동, 사업 변경 등등 나정사가 독점하고 싶은 정보는 회사에 많이 있다.

나정사는 알고 있는 정보를 일부러 공유하지 않거나 말 잘 듣는 사람에게만 흘려 권력화하기도 한다. 직장 내에서 나쁜 정치를 하는 것이다. 직장 동료가 고급 정보를 얻으려면 나정사에게 잘 보여야 한다. 속으로는 싫어도 가까이 지내야 한다. 또 정보를 얻기 위해 정보를 내주기도 한다. 그런 사람이 많을수록 그것은 하나의 세력이 되어 나정사가 사내 정치하기 더욱 쉬워진다. 즉, 정보를 조작하고 음모를 꾸미기에도 유리하다. 확인되지 않은 음해성 소문과 근거가 확실한 고급 정보는 급이 다르니까.

정보가 필요해서 오는 사람에게 직급과 상관없이 우위 자리를 점할 수 있다. 그리고 정보를 주는 조건으로 다른 정보를 얻을 수도 있다. 덕분에 회사 내 나쁜 놈이 주무르는 정보는 빈익빈 부익부 원리를 따른다. 나쁜 놈인 걸 빤히 알면서도 그놈의 정보가 필요해서 기웃거리게 된다.

"자네는 어떻게 이런 걸 알고 있어? 다음에도 또 부탁해."

팀장까지 은근히 눈치를 본다.

이렇게 권력자처럼 정보를 가지고 노는 모습은 굽신굽신 아첨하는 나쁜 놈과는 사뭇 다르다. 마키아벨리안 성향이 강하다는 뿌리는 같지만.

정보를 독점해서 사내 정치를 하는 나쁜 놈은 어떻게 만들어질까? **마키아벨리즘 2큰술 이상에 나르시시즘 1큰술, 사이코패시**

2큰술이 들어가면 **나정나의 변종인 나정사**가 완성된다.

나정사는 나르시시즘이 있으니 잘난 사람은 적이다. 게다가 패거리에 속해서 자신에게 복종하지 않는 잘난 사람은 가장 큰 적이다. 제거 대상 1순위이다. 그래서 그런 사람을 음해하는 정보를 조작하거나 인사 이동, 주요 프로젝트 진행 상황 등과 관련된 정보를 주지 않거나, 그 사람이 숨기고 싶어 하는 정보를 되레 퍼뜨리기도 한다. 그런데 나정사는 혼자서 움직이지 않는다. 정치력을 발휘해서 패거리로 움직인다. 이때 도움이 되는 게 바로 사이코패시이다.

사이코패스는 다른 인간을 통제의 대상이자, 수단으로 생각한다. 같은 모임에 속한 사람에 대한 배려와 공감 따위는 없다. 먹이사슬의 정점에 있는 사이코패스답게 권력자로서 정보를 얻고, 조작해서 퍼뜨릴 때 패거리 안에 있는 사람을 이용한다. 또 평상시에는 포식자로서 자신의 힘을 증명하는 뒷배경이 되는 수단으로 이들을 활용한다. 정보를 권력화하기 위해, 해당 부서 관리자가 공개한 정보 이외의 정보를 탐색한다.

"올해 사업은 펀더멘털에 신경 써서 추진하기로 했으니 그에 맞게 기획서를 만들어."

이런 지시가 있으면 회사 내부의 지연, 학연, 개인적 친분을 총동원해 해당 지시가 나온 맥락을 파악한다. 그리고 다른 부서장이나 상사가 흘린, 예상되는 문제점에 대한 정보도 함께 얻는다. 나쁜 놈은 다른 팀원보다 훨씬 더 좋은 통찰력을 가지고 해당 지시를 해석한다. 하지만 공유하지 않는다. 예상되는 문제점을 중심으로 더 파고든다. 진짜 조직의 이익을 위해서가 아니라 그 안에서 자기 이익을 구현할 방법을 찾기 위해서. 이익이 딱히 보이지 않는다면 정보를 독점해 권력으로라도 활용하기 위해서다.

부서의 관리자나 다른 팀원이 예상되는 문제점에 대해 걱정하면? 그때부터 나쁜 놈은 구세주처럼 적극적으로 움직인다. 나정사는 좋은 일에 베팅하지 않는다. 나쁜 일에 베팅한다. 그래야 남들에게 더 확실하게 존재감을 심어 줄 수 있으니까.

나정사에게는 나르시시즘과 마키아벨리즘도 있다. 그래서 자신이 알게 된 정보를 바로 공유하지 않는다. 그 정보가 가치 있게 빛날 수 있을 때까지 입 무겁게 있다가 결정적인 순간에 푼다. 관심과 인정이 자기에게 쏠리는 타이밍을 아는 귀재이다.

물론 회사 내에서 돌아다니는 정보에도 관심이 있지만, 회사 외부의 정보에까지 많은 관심을 기울인다. 혹여 나중에 이직할 수도 있는 서로의 회사에 관심 있는 사람끼리 모이는 모임에도 부지런히 나간다. 독서 모임, 취미 모임, 컨퍼런스 등 가리지 않는다.

정보는 사람에게서 나온다. 나쁜 놈은 사람을 챙긴다. 자기 회사에 대해서는 당연히 더 많이 알 테니 확신에 찬 어조로 많은 정보를 공유한다. 그러면 꽤 능력 있는 사람처럼 보인다. 상대는 더 많은 정보를 얻기 위해 자신의 정보도 공유한다. 그 정보를 몽땅 취합해서 이제 통찰력을 발휘한다. 그리고 팀원들에게 똑같은 사람을 만나 똑같은 정보를 얻지 않는 한 알 수 없는 이야기를 줄줄 풀어놓는다.

"업무 이외에 저런 것까지 다 챙기고 있다니, 참 대단한 사람이군." 하는 소릴 들으며 능력을 인정받는다.

자, 여기까지 읽고 왜 이게 나쁜 놈인지 이해되지 않는 독자가 있을 것이다. '능력 있는 사람 맞잖아?'라고 느낄 수 있다.

하지만 나정사는 마키아벨리즘 성향으로 속임수를 써서 능력을 과장하는 사람이다. 그리고 팀에 도움이 되도록 정보를 공유하는 게 아니라, 자신에게 권력이 모이도록 정보를 전략적으로만 공유하는 술책을 쓰고 있음을 잊지 말아야 한다. 그 권력으로 남을 음해하고 패거리를 만들어 집단 따돌림을 벌이는 나쁜 놈이다. 열심히 정보를 알아내고, 순수한 의도에서 정보를 나누는 능력자와는 다르다. 자기 이익만을 위해 그러는 거다.

다시 강조하지만, 나정사는 사이코패시 성향이 있다. 사이코패스는 경쟁을 좋아한다. 흥분되기 때문이다. 본질적으로 정치는 권력 투쟁이다. 그래서 사이코패스는 잔잔한 예술 활동보다는 정치와 같은 권력 투쟁의 장을 더 선호한다. 검찰이나 국정원 등에서 정보를 불법으로 빼내어 상대쪽 정치 세력을 공격하는 데 몰두하는 일부 정치인의 모습을 떠올리면 쉽게 이해가 될 것이다. 그들에게는 불법을 저질렀다는 죄책감이 없다.

역사적인 인물을 좀 더 살펴보자. 김유신은 군인이었지만 전투보다는 정치에 몰두했다. 백제, 고구려, 당에 첩자를 보내 정보력을 키웠고, 신라 내부에도 정보원을 심었다. 그리고 그 정보를 통해 당나라와 연합하여 많은 동족을 죽이고 삼국의 원래 영토보다 더 작아진 채로 통일을 강행했다. 민족 전체의 이익보다 개인의 권력이 더 중요했기 때문이다.

김유신은 어릴 적 기생집을 찾아가는 자기 자신을 다잡기 위해 아끼던 말의 목을 쳤다. 그리고 그것을 멋진 일화로 포장해 역사에 남겼다. 생명에 대한 경시는 사이코패스의 특징이다. 본인이 포식자이기 때문이다. 또한 김춘추와 사귄 여동생이 혼전 임신을 하자 장작을 쌓아 놓고 여동생을 죽이려 하기도 했다. 김춘추를 더 옭아매기 위한 속임수라고 해도, 권력을 쟁취하기 위해 사람을 수단으로 보고 이용하는 사이코패스와 마키아벨리안 성향이 있는 나정사의 면모를 충분히 드러낸다.

권력은 나보다 더 큰 권력자가 지원을 해 줘서 생기기도 한다. 그러니 권력자에게 잘 보이려 아첨한다. 하지만 사이코패스는 자기가 포식자라고 생각한다. 경우에 따라 약자인 척 아첨을 할 수는 있지만 욕망을 계속 억누르고 있기는 어렵다. 그래서 아첨과 다르게 정보를 권력화해 힘을 행사한다.

권력은 나눠 가질수록 약해지니 경쟁 세력의 싹을 자르기 위해 안 좋은 소문을 내면서 따돌림을 주도하기도 한다. 이렇게 따돌릴 때 쓰는 전략이 바로 함께 따돌리지 않으면 '너는 적'이라는 이분법적 사고이다. 이분법적 사고는 함께하는 사람의 행동까지 극단적으로 만든다.

나정사는 자기에게 유리하도록 "내 편 아님 적!", "우리 팀 아니면 적!"을 강조하며 사내에 패거리 문화를 만든다. 그리고 집단 따돌림을 주도해서 경쟁자를 제거하고, 따돌림 당하지 않으려는 다른 사람들을 수족처럼 부린다.

그런데 나정사가 참여하는 패거리는 이분법적으로 달랑 하나가 아니다. 마키아벨리즘도 강하니 아주 다채롭다. 출신 지역, 출신 대학, 입사 시기, 취미, 특기 등 공통점을 구실로 다양한 패거리를 만들고 자신은 박쥐처럼 오가며 정보를 얻고 소문을 조작한다. 최고의 이익을 얻기 위해서는 파이프라인을 여러 곳에 박아 놓는 게 유리하기 때문이다. 회사에서 나정사가 탐내는 이익은 수시로 바뀐다. 자기 이익이 바뀌면 함께 어울리던 여러분의 뒤통수를 치고 다른 패거리에 찰싹 달라붙어 여러분을 공격할 수도 있는 게 나정사이다. 그래서 여느 능력자를 대하듯 여러분이 맘 놓고 가까이해서는 안 된다. 결국 사이코패스답게 여러분을 착취할 것이다.

나정나·나정사 무찌르기

나정나, 나정사는 따돌림을 조장한다. 이게 가장 무섭다. 나정나, 나정사가 여러분을 몰아붙이면 어떻게 해야 할까? 진짜 실행해야 하는 것과 절대 실행하지 말아야 할 방법을 소개한다.

첫째, 나정나와 나정사에게 강하게 항의하는 건 절대 실행하지 말아야 할 방법이다. 지렁이도 밟으면 꿈틀하는 법. 참다 참다 억울한 마음에 '학력이 높다, 더 매력 있다, 더 인정받고 있다' 등의 이유로 내가 따돌림 당할 이유가 없다고 대항하고 싶어진다. 자, 정말 그렇게 하면 어떻게 될까? 오히려 상황이 나빠진다. 왜냐하면 나정나, 나정사에게는 나르시시즘도 있어서 자기가 더 잘났다고 생각하고 있으니 갈등이 배가된다. 나정나, 나정사를 설득하는 것은 좋은 대응 방법이 아니다. 나정나, 나정사 옆에 붙어 있는 사람들이 여러분에게 영향을 미치지 않도록 조치를 취하는 게 더 현명하다.

둘째, 따돌림을 공식적으로 문제 제기하는 건 신중하게 고려해 보고 하자. 직장 내 따돌림은 직장에서도 신경을 많이 쓰는 부분이다. 그래서 따돌림이 벌어지면 관리자에게 책임을 묻고, 팀 재배치 등을 고려한다. 하지만 회사만 믿고 섣불리 행동하면 안 된다. 따돌림을 주도한 자가 나정나나 나정사라는 걸 잊지 말자. 거짓말에 능한 마키아벨리안 성향이 강한 이들이란 의미이다. 그저 오해했다고 하면 그만이다. 그리고 다른 무리도 자신의 잘못이 드러날까 봐 오리발을 내미는 경우가 많다. 양심 있는 내부고발자나 예전에 따돌림을 받았던 사람들을 먼저 동지로 확보하지 않는 한 이 방법은 잘 먹히지 않는다. 그래서 세 번째 방법을 먼저 쓴 다음에 이 두 번째 방법을 써야만 효과를 거둘 수 있다.

셋째, 나정나와 나정사를 싫어하는 사람을 모은다. 나정나,

7장 직장에서 '나쁜' 정치하는 나쁜 놈

나정사는 아첨하며 권력자와 친하다는 인상을 줘서, 따돌리는 것으로, 정보를 독점하여, 다른 사람이 압박을 느끼게 조장한다. 그 결과 자신이 원하는 대로 남들이 동조 및 복종하도록 한다.

회사에서 3명 이상이 아첨을 하면 처음에는 왜 저러나 싶지만 결국 그들을 따라 아첨하게 된다. 따돌림이 싫어도 3명 이상이 거기에 동조하면 대세인 양 따르게 된다. 나쁜 놈이 특별한 정보를 갖고 있는 능력자라고 3명 이상이 입을 모아 이야기하면 그렇게 믿게 된다. 대개 4명 중 3명은 다른 사람의 의견에 강하게 영향받는다. 그래서 나쁜 놈은 "다른 사람들도 다 그래요." 혹은 "다른 사람들은 이거 다 알고 있어요."라는 말을 자주 한다. 상대를 자기 맘대로 조종하기 위해서이다.

4명 중 3명이 나쁜 놈의 농간에 놀아나기 쉽다니, 참 절망적이다. 그런데 우리에게는 아직 1명이 남아 있다. 다른 사람에게 영향받지 않고 자기의 생각을 지키는 사람. 틀린 것은 틀리다고 말할 수 있는 사람이 25%나 있다.

미국 버클리 대학교의 샬런 네메스Charlan Nemeth와 신시아 칠레스Cynthia Chiles 박사는 잘못된 사회적 압력에 복종하지 않는 소수의 사람들을 연구했다.

연구팀은 시각 실험처럼 4명을 한 모둠으로 꾸렸다. 슬라이드를 한 장씩 보여 주고 곧바로 슬라이드 색깔을 맞히는 실험이었다. 첫 번째로 파란색 20장 세트를 보여 주니 4명 모두 파란색이라고 답했다. 보여 준 자극도 파란색, 대답도 파란색. 진실-진실 짝이라 이상할 게 하나도 없다.

두 번째 단계에서 연구자는 모둠을 바꿨다. 그 모둠에서 진짜 실험 참가자는 1명이고, 나머지 3명은 실험 협조자였다. 이번에는 빨간색 20장 세트를 보고 답하도록 했다. 역시 쉬운 문제였다. 그런데 실험 협조자 3명이 모두 주황색이라고 답했다. 그리고 진짜 실험 참가자 1명이 빨간색이라고 답할 때마다 다른 사람들이 이상한 표정으로 쳐다보았다. 그 결과 진짜 실험 참가자는 20번의 질문 중 평균 14차례나 주황색이라고 답했다. 약 70% 정도 사회적 압력에 굴복한 셈이다.

이번에는 실험의 조건을 바꾸어 파란색 20장 세트를 보는 첫 번째 단계부터 실험 협조자를 딱 1명만 투입했다. 실험 협조자는 파란색 슬라이드를 보고 일관되게 녹색이라고 대답했다.

"저 인간 대체 뭐지?"

나머지 진짜 실험 참가자 3명은 실험 협조자를 보면서 혼란을 겪었다. 그래도 진짜 실험 참가자가 다수이고, 보이는 대로 말하면 되니까 3명 모두 모든 파란색 슬라이드를 파란색이라고 대답했다. 그런 다음 연구자는 이 3명의 실험 참가자를 1명씩 나누어 두 번째 실험 단계인 빨간색 슬라이드를 보는 모둠에 넣었다. 실험 참가자를 제외한 나머지 3명의 실험 협조자는 일관되게 주황색이라고 대답했다.

실험 결과는 놀라웠다. 이 조건에서 실험 참가자들은 다수의 압력에도 굴하지 않고 20개의 슬라이드 중 평균 17개를 빨간

7장 직장에서 '나쁜' 정치하는 나쁜 놈

색이라고 대답했다. 앞서 70% 정도 굴복했던 것과는 전혀 다르게 20% 미만으로 흔들렸다. 즉 80% 이상이 사회적 압력에 굴복하지 않았다. 나쁜 정치에 휘둘리지 않은 것이다.

그들이 엄청나게 스스로를 단련시킨 게 아니다. 그저 자신이 옳다고 생각하는 바를 실천하는 한 사람을 본 것만으로도 효과가 있었다. 심지어 그 사람이 말했던 게 틀린 답이었더라도 말이다.

회사에서 아첨하지 않고도 능력을 인정받아 승진하는 사람 1명이라도 가까이 한다면, 따돌림에 굴복하지 않고 참여하지 않는 사람을 발견한다면, 공동체 의식을 가지고 좋은 정보를 나누는 사람이 가까이 있다면, 여러분은 꿋꿋하게 현실을 돌파할 힘을 얻을 수 있다.

어쩌면 여러분의 직장에 그런 사람이 진짜 없을 수도 있다. 하지만 그보다는 지레 포기하고 찾지 않았을 수도 있다. 왜? 소수지만 확실하게 주관을 갖고 올바른 쪽으로 움직이는 사람이 1명도 없다면 그 회사는 진작에 망했을 테니까.

나쁜 놈들이 아첨, 따돌림, 정보 독점 등으로 더 성공하는 것처럼 보이는 건 '현저성 효과' 때문이다. 실제 빈도가 잦아서가 아니라, 워낙에 기가 막힐 정도로 인상적인 나쁜 짓이라 머릿속에 강하게 남아 더 많다고 과대 지각하는 것이다. 사람은 사실을 그대로 보지 못한다. 인상적이었던 자극을 더 자주 떠올리거나, 한 번 떠올려도 더 강하게 기억에 남기 때문에 객관적인 사실보다

빈도가 높다고 여긴다. 2016년 미국 다트머스 대학Dartmouth College 행정학과 브렌던 나이핸Brendan Nyhan 등의 연구에 따르면 프랑스 인은 외국 출신 이주민의 비율이 26%라고 생각하지만 실제로는 12%였다. 영국인은 23%라고 생각했지만 13%였고, 이탈리아인 은 30%라고 생각했지만 실제 인구 통계에 따르면 고작 9%였다. 이주민이라서 과대 지각하기에 이런 오류가 생긴다.

만약 현저성 효과가 아니라 실제 나정나, 나정사의 성공 빈 도가 높은 직장이라면? 장기적으로 이직을 준비하는 게 좋다. 적 응한다는 핑계로 여러분이 그 나정나, 나정사가 될 수도 있으니 말이다. 물론 그 준비 기간에도 좋은 정치를 할 수 있는 소수를 더 절실하게 찾아야 한다. 좋은 사람과 연대하는 능력은 이직해 서도 필요하니까.

나정나, 나정사의 성공 전략은 능력 개발이 아니다. 굳이 능 력이라면 나쁜 짓 할 줄 아는 능력밖에 없다. 보편적인 성공 전략 과 관련된 능력은 없다. 그래서 라인을 잘못 타 라인 전체가 쓸려 나갈 때 힘도 못 쓴다. 여러분은 좋은 동료를 찾아 진정한 능력과 인성을 바탕으로 한 다른 방법으로 충분히 성공할 수 있다. 그게 여러분 자신과 동료, 조직 모두를 위하는 좋은 정치의 길이다.

권력은 그를 따르는 사람의 숫자에서 나온다. 사람은 유사 성 효과에 의해 서로 연대한다. 팬클럽, 동호회처럼 공통의 사항 이 있으면 쉽게 사람을 모을 수 있다. 나쁜 놈을 싫어하는 것은 강력한 공통점이 되기 충분하다. 그렇게 모인 사람의 숫자가 많아지면 나쁜 놈도 쉽게 나쁜 짓을 하지 못한다. 모여서 엄청난 전략을 쓸 필요는 없다. 일관되게 항의하면 된다. 많은 사람이 모여 항의하면 독재자도 거짓으로라도 머리를 조아리며 '6·29 선언' 같은 것을 만들게 되어 있다.

단품형 나쁜 놈

직예나
남지실
남시나사
약속마나
최방나
앞잡이

이 장에서 살펴볼 단품형 나쁜 놈은 변종 나쁜 놈답게 치를 떨게 한다. 하지만 앞서 살펴봤던 착나나, 나권사, 나정나처럼 기본 레시피에 어둠의 사총사 관련 요소가 첨가되면서 더 극악한 변종이 되는 게 아니다. 단품형은 기본 변종 세팅에서 멈춘다. 그만큼 변종이기는 하지만 앞서 살펴봤던 변종들보다는 더 예측 가능하다. 그 장점 빼고 함께하는 사람을 괴롭게 하는 건 매한가지이다.

죽어도 내 멋, 민폐는 난 몰라_직장에서 예술하는 나쁜 놈

[나르시시즘 3큰술 🥄🥄🥄+α]

직장에서 **예**술하는 **나**쁜 놈. 줄여서 말하자면 '**직예나**'는 순수하게 **나르시시즘 3큰술+α**로 들어간 나쁜 놈이다. 다른 어둠의 성격 요소 대신에 나르시시즘을 더욱 많이 욱여넣은 놈.

그들은 몸은 조직에 담고 있으나, 영혼은 자유로운 예술가처럼 행동한다. 직장을 개인 작품 활동을 위한 작업실처럼 여긴다. 조직 구성원과 소통하고, 조직의 자원을 활용해 성과를 내려하기보다는 순수한 자신의 열정과 노력, 시간, 능력을 갈아 넣어서 하나의 작품을 만들어 내는 장인처럼 일하려고 한다. 그 결과 같은 프로젝트에 배정된 다른 동료와 협업이 되지 않아 동료는 답답하다. 그리고 어떤 산출물이 나올지 알 수 없으니 불안하다. 업무 진행 상황을 확인하려 해도 답을 주지 않는다. 상사가 진행 상황을 동료에게 확인하면 제대로 대답하지 못해 마치 직예나에게 일을 다 맡기고 팡팡 노는 염치없는 인간 취급을 당하거나, 제대로 협업하지 않는 무개념 동료 취급을 당하기도 한다. 사정을 이야

기해도 '그런 경우까지 컨트롤하면서 일을 해야 능력 있는 것'이
라는 피드백이 돌아와 기운 빠진다. '혼자 일할 거면 집에 가서 하
고, 직장에서는 협업을 해야 한다.'는 말이 목구멍까지 치밀어 오
르지만 말해도 바뀌지 않을 고집 센 예술가 분위기를 풍기는 그
놈 앞에서는 입을 닫게 된다.

직예나는 나르시시스트 성향이 강해서 자기 세계를 그 어떤
것보다 중요시한다. 본인이 워낙 잘나서 타인의 존경을 바라지
도, 강요하지도 않는다. 오로지 자아실현이 중요하다. 즉 이 나쁜
놈, 직예나에게는 직장이 자아실현하는 장이자 도구이다. 직장
내 다른 사람, 다른 일은 그냥 배경, 풍경일 뿐이다. 오로지 세상
의 중심인 자신, 자신이 움직이는 공간만 의미 있다.

직예나는 이런 극강의 나르시시즘이 외향적으로 잘 드러나
지 않는 나쁜 놈이다. 흔히 나르시시즘이라고 하면 수시로 잘난
체하는 모습을 떠올린다. 자기가 뭘 하든 더 좋고 멋진 것처럼 과
장하고, 사소한 것도 자랑하는 사람. 하지만 직예나는 '수시로'나
'사소한' 것과는 거리가 멀다. '제대로'와 '중요한'을 선호한다. 그
래서 일상적으로는 잘난 체하는 모습을 잘 볼 수 없다. 기껏해야
혼자 고상한 척하는 정도이다. 실제로는 너무나 잘난 자신이라서
굳이 남들과 소통할 필요를 못 느끼기 때문에 보이는 모습이지만.

직예나는 사이코패스처럼 감정이 냉담해서 다른 사람과 벽
을 치는 것도 아니다. 자기 혼자서 일하며 분노하고, 즐거워하고,
슬퍼하고, 기뻐한다. 마키아벨리안처럼 다른 사람을 이용하려고

도 하지 않는다. 탁월한 자기 세계에 열등한 다른 사람이 침범하는 게 오히려 싫다. 사디스트처럼 다른 사람이 고통받는 것을 즐거워하지도 않는다. 작품을 만들며 겪는 자신의 즐거움과 고통, 그게 더 중요하다.

정리하자면 직예나는 오로지 예술의, 예술에 의한, 예술을 위한 삶을 사는 순수 예술가처럼, 자신의 가치가 듬뿍 들어간 특정 제품이나 서비스나 일을 정해서 그것의, 그것에 의한, 그것을 위한 직장생활을 하려고 한다.

자신의 예술 세계를 제대로 이해하지 못할 다른 사람들에게 굳이 친절하게 설명하려고 하지 않는다. 장인이라면 예술은 입이 아닌 결과물로 보여 줘야 하니까.

"기다리시면 멋지게 보여 드릴게요."

직예나의 머릿속에는 늘 자신의 작품이 있다. 늘 상상하고 생각하니 마치 이미 구현된 것처럼 말한다. 중간에 궁금해서 물어보는 사람을 되레 숭고한 예술 세계에 대해 불신이 가득한 나쁜 놈, 현실적 이유를 들며 방해하는 나쁜 놈인 양 대한다. 혹은 이상을 저버린 속물처럼 여긴다.

직예나에게는 권력이 없다. 순수한 예술가이기에 권력을 바라지도 않는다. 정보를 숨겼다가 다시 내놓아 권력화하려는 생각조차 없다. 하지만 조직 구성원과 소통하지 않아 문제를 일으키고, 스트레스를 배가 시키는 나쁜 놈인 것은 맞다.

직예나는 불행히도 여러분이 어찌할 수는 없다. 부모가 매

8장 단품형 나쁜 놈

를 들어도 예술하겠다는 자식은 말리지 못한단 말이 있다. 이들은 외부에서 처벌과 비판이 들어올수록 더 예술에 대한 의지를 불태운다. 성과를 지향하는 회사에서 칼을 들 때까지 기다릴 수밖에 없다.

직예나는 대부분 2년 안에 결국 해당 부서에서 정리된다. 스스로 더 좋은 작업실을 찾아가기도 한다. 주변 사람들을 힘들게 하면서 스스로도 힘든 이 예술가는 나쁜 놈이라고 부르기에도 답답하고 애잔한 면이 있다. 그 나쁜 놈을 도와주기도 하고, 여러분 자신도 벗어나고 싶다면 예술가에게 쏠쏠한 이직 정보를 던져 주는 것도 방법이다.

내가 제일 잘났어_남의 지시 받기 싫어하는 나쁜 놈

[나르시시즘 2큰술 🥄🥄 + 사이코패시 2큰술 🥄🥄]

직예나는 오직 나르시시즘이 한계치를 넘어선 3큰술 이상이었다. 본인이 너무 잘나서 남의 지시를 받기 싫어한다. 그런데 남의 지시를 받기 싫어하는 나쁜 놈이 또 있다. **나르시시즘 2큰술, 사이코패시 2큰술**로 만들어지는 놈이다.

남의 지시 받기 싫어하는 나쁜 놈, 즉 '남지실'은 기본적으로 나르시시즘이 2큰술이어서 자기중심적이다. 세상의 중심이 자신이다. 그런데 조연이자 손님인 다른 사람이 지시를 한다? 상사가 말해도 그 지시를 따를 의무를 느끼지 않는다.

남지실은 중간 수준 이상의 나르시시즘을 가진 나쁜 놈답게 자기가 남들보다 우월하다고 생각한다. 자기의 능력과 통찰력이 더 뛰어난데 자기보다 못한 사람이 지시를 하니 한심할 뿐이다. 한심한 지시는 따른다 해도 어차피 한심한 결과를 낳을 테고 그러면 문제가 생길 테니, 차라리 그나마 성공 가능성 높은 자기 생각대로 일 처리를 하려고 한다.

남지실은 방어적으로 남의 지시를 받기 싫어하며 아무 일도 안 하려는 유형이 아니다. 사이코패시도 2큰술이어서 심지어 적극적으로 상황을 통제하려고 한다. 또 충동에도 약해서 누군가 엄격하게 지시를 했어도 그때그때 제멋대로 판단하고 행동하고 결국 문제를 일으킨다. 그러면서도 나르시시즘과 사이코패시 모두 2큰술이니 죄책감도 없고 오히려 당당하다.

"제 딴에는 열정을 다해서 일을 더 잘하려다 그런 거예요." 같은 말도 없이 '뱁새가 봉황의 뜻을 어떻게 알겠느냐'는 표정으로 사람들을 아예 무시하기도 한다. 나르시시즘과 사이코패시 모두 높아서 다른 사람의 반응에 신경도 쓰지 않는다.

제멋대로 하는 모습이 마치 독립적인 자기 세계를 추구하는 직예나처럼 보일 때도 있다. 하지만 남지실이 딱히 자아실현의 결정체인 작품을 만들려는 의지가 있는 건 아니다. 그냥 지시가 싫은 것뿐이다. 예술가가 아닌 망아지다. 하나의 작품을 진득하게 만드는 게 아니라, 자기 맘대로 여기저기 막 뛴다.

남지실에게는 세밀한 업무 관리가 필요하다. 지시는 꼭 이메일이나 문서로 하고, 읽고 나면 반드시 메시지를 확인했다는 답장을 하도록 요구해야 한다. 그 지시도 처음에는 따르지 않으려 하기 때문에 답장 쓰는 걸 옆에 서서 확인해야 한다. 지시한 일이 투 두 리스트To Do List에 맞게 하루하루 제대로 진행됐는지 확인해야 한다. 그렇게 관리해야 원래 성향은 변하지 않을지라도 행동은 그나마 다소 수정된다.

이런 과정이 소모적이고 힘든 일이기에 대부분 그냥 포기한다. 그래서 남지실은 제재받지 않고 맘껏 행동하기 쉽다. 또 다른 남지실을 아랫사람으로 만나기 전까지는.

내가 더 잘났지_남에게 시키기만 하는 나쁜 놈

[나르시시즘 3큰술 ♂♂♂ + 사이코패시 3큰술 ♂♂♂]

개인이 아니라 조직의 힘으로 움직여 실적을 내야 하는 직장에서 남의 지시를 따르지 않는 것은 분명 조직에 해가 되는 일이다. 그 못지않게 남에게 지시만 하는 놈도 조직에 해가 된다. 자기는 일 하지 않으면서 지시를 내리는 것만으로도 충분히 일을 하고 있다 고 생각하니 업무에 구멍이 나게 되어 있다. 그리고 다른 동료에 게 스트레스를 주니 생산성도 낮아진다.

남에게 시키기만 해서 나사로 숨구멍을 조이는 놈, 즉 '남시 나사'는 두 가지 성향에서 나온다. **나르시시즘 3큰술과 사이코패 시 3큰술**이 결합되면 각 성향이 2큰술인 남지실과는 또 다른 나 쁜 성향이 완성되는데, 그건 남에게 시키기만 하는 것이다.

남시나사는 일단 나르시시즘이 3큰술 들어간 나쁜 놈이다. 남보다 우월한 자신은 지시를 할 사람이지 받을 사람이 아니라고 여긴다. 직장인으로서 지시를 받을 의무에는 관심 없다. 업무 분 장과 직급에 맞는 행동은 일반적인 회사원을 위한 규칙일 뿐, '특별한 자신'에게는 해당되지 않는다. 특별한 능력을 가진 자신은 남에게 시키기만 해도 될 권리가 당연히 있다고 생각한다. 나르시시즘의 특권 의식이 강하다.

남에게 시키기만 하는 성향은 직급이 낮아도 발휘된다. 회의 중에 업무와 관련돼 예상되는 문제점을 얘기하면서 각자 어떻게 대응하면 되는지를 지적하는 사원이나 대리도 있다. 그런 문제가 해결되어야만 자신이 다음 일을 제대로 할 수 있다는 식으로 논리를 편다. 하지만 결국 다음 일도 또 다른 지적과 조언으로 포장해 남에게 시키기만 할 게 분명하다.

이 나쁜 놈은 업무적으로만 남에게 시키는 게 아니다. 나르시시즘 성향상 남을 위해 뭔가를 해 주는 게 싫다. 남들이 자신에게 뭔가를 해 줘야만 제대로 대접받는 것이라 여기기에 사소한 일에 대해서도 부탁을 가장해서 지시를 한다.

"탕비실에 가는 김에 녹차 좀 가져다주세요."

"비품관리실에서 문구를 가져오세요."

"가는 김에 이 서류와 영수증을 경영지원실에 가져다줘요."

정색하며 따지기에도 애매한 사소한 일이다. 그런데 진짜 정색하며 따지는 사람에게는 이렇게 시키지 않는다. 세상의 중심인 자신이니, 자기 세상에 있는 다른 사람을 찾는다. 이 나쁜 놈이 나르시시스트인 것을 잊지 마시라. 여러분이 정색해도 상처받지 않는다. 특별한 자기와 더 친해질 수 있는 기회인 줄도 모르는 한심하고 속 좁은 사람이라고 생각할 수는 있다.

또한 이놈에게는 사이코패시 3큰술도 들어가 있다. 성향상 남을 통제해야 직성이 풀린다. 그래서 업무든 사생활이든 뭐든지 통제하려고 한다. 그 통제의 방법이 지시이고 부탁이다.

　현실을 인정해야 한다. 여러분이 할 수 있는 일은 이 나쁜 놈이 남에게 뭔가를 시키지 못하게 하는 게 아니다. 단지 여러분에게 시키지 못하게 거리를 두는 게 시급하다. 정색하며 따지는 게 힘들면, 상대가 원하는 대로 맞춰 주지 않으려고만 해도 효과가 있다. 충동적이기에 불같이 화를 내겠지만, 그 뒤엔 자신의 욕망을 시원하게 충족시켜 줄 다른 대상을 찾을 것이다.

약속은 깨라고 있는 것_약속은 하나마나인 나쁜 놈

[마키아벨리즘 3큰술 🥄🥄🥄 + 나르시시즘 2큰술 🥄🥄 + 사이코패시 1큰술 🥄]

약속을 어기는 사람은 많다. "언제 밥 한번 먹자." 이런 약속은 말하는 사람이나 그 말을 듣는 사람이나 진지하게 말하고 듣지 않는다. 하지만 업무상 중요한 일, 커리어에 중요한 추천이나 정보 제공, 개인적인 도움 등을 약속하고서도 뒤집을 때는 문제가 커진다. 말한 사람과 상대방 모두 진지한 분위기에서 이야기를 나눴으니 상대방은 그 약속을 진심으로 소중하게 받아들인다. 나쁜 놈 본인도 그 약속을 수시로 되뇌며 상대방을 믿게 만든다. 그러고 나서 결정적인 순간에 뒤집는다.

약속은 하나마나인 '약속마나'는 마키아벨리즘 3큰술, 나르시시즘 2큰술, 사이코패시 1큰술이 합쳐져 만들어진다. 약속을 할 때는 계산적인 마키아벨리안답게 이득을 생각해서 한다. 그 이득이 좋은 인상일 수도 있고, 그 약속을 미끼로 건넬 부탁일 수도 있고, 집단 따돌림 등에 활용할 무언가일 수도 있다. 여하튼 약속을 할 때는 상대의 이득이 아니라 자기의 이득을 계산해서 당당하게 한다.

그리고 약속을 어길 때도 마찬가지다. 마키아벨리즘이 강하니 이득이 엮이면 아주 뻔뻔하게 어긴다. 거기에 나르시시스트 성향까지 십분 발휘된다. 그래서 자기가 내뱉은 말이나 약속이니 상황에 따라 자신이 뒤집을 권리가 있다고까지 생각한다. 게다가 사이코패스 성향답게 그것에 대한 죄책감을 느끼지 않는다. 사이코패스 성향이 그나마 적은 편이니까 상대를 공격하지는 않지만 자기의 잘못에 대해서는 뻔뻔하게 응대한다.

"내가 정말 한 번은 화끈하게 밀어줄게."

약속을 뒤집는 나쁜 놈은 이렇게 말하고서 상대가 절실하게 부탁하면 정색하고 대답한다.

"도와줄 수는 있는데, 이게 정말 내가 화끈하게 밀어줄 인생의 한 방이야? 한 번뿐인 기회를 이런 식으로 날리면 안타까운데?"

나쁜 놈이 이렇게 나오면 상대방은 더 좋은 기회를 포기하는 것 같은 기분이 든다. 웃기지 않는가? 인생에서 딱 한 번만 기회를 주겠다고 약속한 것도 아닌데, 처음부터 우위에 있듯이 이야기하는 게 이 나쁜 놈의 특징이다. 그래도 보통 사람들은 이 나쁜 놈의 기세에 눌려 저자세를 취하기 쉽다. 무엇보다 나쁜 놈이 떨떠름하게 반응하는데 강권하면 일 자체가 진행되지 않을까 봐 약속을 지키라고 더 밀어붙이지도 못한다. 그러면 나쁜 놈은 이제 자신이 약속을 안 지킨 게 아니라, 상대방이 스스로 포기했다고 떠들고 다닌다.

"뭐 좀 들고 오라고 했더니 그 친구는 자존심이 세서 그런지 오지를 않네."

추상적인 결정적 한 방이 아니라, 구체적으로 약속한 경우에도 마찬가지이다.

"지난번 일은 미안했고, 이번 입찰 RFP 기안 되면 먼저 알려줄게."

나쁜 놈은 이렇게 안심시킨다. 그러고 나서 약속을 지키지 않는다. 결국 입찰 공고가 나서야 알려 주고 상대가 왜 약속을 어기고 뒤통수를 쳤냐고 따지면? 마키아벨리즘 성향을 발휘해서 이렇게 핑계 댄다.

"회사 보안이 엄격해졌어. 윤리 경영 지침이 너무 엄격해져서 자칫하면 나뿐만 아니라 그쪽에도 피해가 가겠더라고."

애초에 불법적으로 고지해 주겠다고 약속한 사람은 나쁜 놈인데, 그것도 호의라는 식으로 제안해 놓고 딴소리를 한다. 상황이 바뀌면 마치 상대가 요구한 것처럼 뒤집어씌우기도 한다. 실제로 문제가 일어나면 당연히 남 탓을 할 나쁜 놈이다.

약속을 어기는 나쁜 놈은 어떻게 대응해야 할까?

첫째, 방어를 위해서라도 항상 회의록을 작성하거나 녹취해서 증거를 남겨 둬야 한다. 나쁜 놈이 이익을 가져가는 것까지는 막을 수 없더라도 문제가 생겼을 때 돌아올 화살은 막을 수 있다.

둘째, 달콤한 말과 약속을 믿지 않는다. 나쁜 놈이 아무리 그럴 듯한 말을 해도 믿지 마시기를. 기대가 크면 실망도 큰 법이다. 무엇보다 그 약속을 믿고 따르느라 여러분이 들이는 노력과 시간이 아깝다. 이 나쁜 놈은 직장을 위해 일하지 않는다. 자기 이익을 위해 일한다.

나쁜 놈은 여러분에게도 보너스, 진급 등 이익을 나눠 주겠다고 약속한다. 그 말을 믿지 말아야 한다. 상대가 약속을 어겼을 때 상처받는 이유는 그 약속을 믿었기 때문이다. 믿음이 없으면 상처도 없다.

셋째, 나쁜 놈이 시킨 일은 방어적으로만 한다. 문제는 여하간 나쁜 놈이 상사이니 여러분에게 일을 계속 시킬 것이다. 직장에서 상사가 시키는 일을 하지 않으면 직장생활 자체를 유지하기 어렵다. 일은 해야 한다. 하지만 상대의 말을 믿고 열심히 하는 듯이 보이지 말자. 여러분이 잘해도 성과는 그놈이 가져갈 것이고, 그러기 위해서 여러분의 공헌도까지 깎을 나쁜 놈이다. 항명으로 비춰지지 않게만 방어적으로 일해야 한다. 기한 전에 미리 보고하거나, 지시하지 않은 추가 사항을 미리 알아보지는 않는다. 최종 기한에, 지시한 것까지만, 적당한 수준으로 일한다. 그리고 나머지 시간에 자기 계발에 더 매진하자.

막판 뒤집기는 내 기쁨_최종 순간 방향을 바꾸는 나쁜 놈

[나르시시즘 3큰술 🥄🥄🥄 + 사이코패시 2큰술 🥄🥄]

열심히 일해서 거의 최종 단계까지 왔는데 가장 환장하는 일이 바로 최종 순간에 방향을 바꾸는 거다. 그전에는 별말 안 하고 있다가 제안서 마감 하루 전 최종 컨펌을 받으러 간 자리에서 마치 그날 신의 계시라도 받은 것처럼 확신에 차서 이렇게 말하는 나쁜 놈이 있다.

"그동안 내가 깊이 생각해 봤는데 이게 맞아."

"그 사이에 상황이 바뀌었으니 이게 맞아."

이런 말을 듣자면 '그래 너 좀 맞자'라는 마음이 저절로 든다.

그나마 진짜 상황이 바뀌었거나, 고민의 흔적이 있다면 짜증은 나지만 받아들일 수는 있다. 그런데 습관적으로 그냥 어깃장 놓듯이 방향을 바꾼다면?

최종 순간에 방향을 바꾸는 나쁜 놈, 즉 '최방나'는 나르시시즘 3큰술, 사이코패시 2큰술이 합쳐져서 만들어진다. 최방나는 원래 평소에도 갈팡질팡 선택을 바꾸는 놈일 수 있다. 하지만 가장 좋아하는 때는 최종 순간이다. 그때 방향을 바꾸면? 존재감이 확실해지기 때문이다. 실무가 착착 진행될 때 나르시시스트 상사가 존재감을 발휘할 기회는 많지 않다. 하지만 최종 컨펌 순간은 조직 서열상으로도 존재감이 발휘될 최적의 순간이다.

나르시시스트가 가장 좋아하는 '존재감'을 최방나가 포기할 이유는 없다. 오히려 적극적으로 활용한다. 설사 부정적인 존재감이라 해도 나르시시스트에게는 포기 못할 특권이다. 유튜브를 봐도 사회적으로 물의가 될 폭력 영상, 진상 짓 등을 자기 손으로 자랑스럽게 올리는 일반인들이 많지 않는가.

조직 서열이 높지 않아도 된다. 주관적으로 자기가 서열이 높다고 생각하는 사이코패시 성향도 2큰술로 강하니 최종 순간에 방향을 틀려고 한다. 그때 자기 힘을 과시하려고 한다. 나르시시즘도 있어서 남들이 못 보는 면을 보는 자신의 능력을 진심으로 믿으니 더 강하게 방향을 바꾼다.

세상에 '완벽한' 기획이라는 건 없다. 문제점을 찾자고 들면 얼마든지 찾을 수 있다. 최방나는 그 문제점을 비집고 들어가 더 크게 만들고, 자기 생각을 욱여넣는다. 문제 해결을 위해서가 아니라 존재감과 통제력을 확인하기 위한 것이니 급기야는 문제를 창조하기에 이른다.

그래서 일이 그르쳐지면, 최종 순간까지 자기가 지적한 부분을 예상하고 대처하지 못한 실무진을 탓한다. 실무진과 자신의 능력에 큰 격차가 있음을 공식적으로 확인하는 계기라고 생각한다. 일이 잘 넘어가면, 최종 순간에 자기가 방향을 바꾼 덕분이라며 자신의 능력을 자랑한다.

최방나에게는 어떻게 되든 잃을 게 없고, 얻을 것만 있으니 최종 순간에 방향을 바꾸는 일에 매달린다. 그래서 최방나에게 하루 전날 컨펌받을 생각은 애초에 하지 말자. 일주일 전에 요구 조건을 서면으로 받아 낸 다음에 해당 요구 조건에 대해서 이행한 바를 보여 줘야 한다. 그래도 최종 순간에 바꿀 수 있다. 그러나 자신이 합의한 문서가 있으면 덜 피곤하게 군다.

최방나는 자기 존재감과 통제력을 발휘하고 싶어 하필 마무리 시점에서 방향을 바꾼다는 사실을 잊지 말자. 겉으로는 최방나의 요구를 진지하게 고려해서 가급적 응해 주려는 척할 필요가 있다. 그러면서 그동안 진행했던 방향과 달라져 전환이 쉽지 않음을 이메일이나 메신저로 언급해 주는 것도 꼭 챙겨야 한다. 최방나의 존재감과 통제력에 반기를 드는 게 아니다. 아이디어의 오류를 줄이고 구체화하는 데 시간이 걸린다고 꼭 밝혀 두라는 것이다. 최종 기한이 코앞이니 여러분을 괴롭히는 시간도 길지 않다. 자신의 요구에 응하려 했던 여러분의 태도를 본 최방나가 여러분을 느슨하게 대하면서 절반 정도의 시간은 흘러갈 것이다. 나머지 절반 정도만 버티자.

그러다가 문제가 생기면 조직에서는 누구의 책임인지를 확인한다. 그때 일주일 전 합의한 문서와 마지막 순간까지 모아 둔 이메일, 메신저 등이 큰 도움이 된다. 최방나의 지시를 착실히 따르면서도 오류를 줄이기 위해 적극 노력했던 여러분을 보호할 수 있다.

증거를 축적하는 것은 좋지만, 굳이 연기까지 하고 싶지 않다면? 마지막 순간, 방향을 바꾸려 할 때 그전에 합의한 문서를 근거로 최방나에게 직접 문제점을 따지자. 이때 주의해야 할 게 있다. 최방나의 아이디어가 좋고 나쁨은 논외이다. 오로지 타이밍의 문제임을 명확히 해야 한다. 최방나는 최악의 타이밍에 자기 존재감과 통제력을 발휘하고 싶다. 이게 반전의 핵심이다. 여러분이 타이밍 문제를 강하게 지적할수록 자기 존재감과 통제력을 더 쉽게 발휘할 다른 사람을 찾거나 다른 곳으로 갈 가능성이 높다.

나쁜 놈 옆의 나쁜 놈_나쁜 놈의 앞잡이

자기보다 더 센 나쁜 놈에게 아첨하는 나쁜 놈이 있다. 이런 놈은 나쁜 놈 옆에 기생하며 자기 이익을 챙기려는 마키아벨리안이다. 마음에도 없는 아첨이기에 가끔은 나쁜 놈이 없을 때 방심해서 실수로 본심을 드러내기도 한다. 그런데 아첨이 아니라 센 나쁜 놈을 정말 좋아해서 진심으로 따르는 나쁜 놈도 있다. 이름 하여 **앞잡이!**

앞잡이는 이익이 딱히 없을 때에도 나쁜 놈 옆에 찰싹 붙어서 무조건 충성을 다한다. 다른 사람이 센 나쁜 놈을 욕할라치면 대신 변명해 주기도 하고 격하게 반발하기도 한다. 또 나쁜 놈의 의중을 꿰뚫어 그가 좋아할 만한 일을 대신 벌이기도 한다. 그 일로 이익을 얻는 사람이 자신이 아닌 더 센 나쁜 놈인데도 말이다. 이런 면이 있어서 앞잡이를 단순히 마키아벨리안이라고 설명할 수도 없다.

왜 이런 앞잡이가 되는 것일까? 심리학 이론 중 자아 동일시

self identification로 설명할 수 있다. 인간은 자기 고유의 자아를 형성해 가며 성장한다. 그런데 성숙하지 못한 사람은 고유의 자아를 형성하기보다는 타인의 정체성을 자기의 정체성인 양 받아들여 그와 똑같이 살려고 한다. 자기가 좋아하거나 존경하는 사람, 이상적인 대상이 보이는 생각, 말, 태도, 행동 등을 마치 자기 고유의 것인 양 여겨서 그 대상과 닮아 간다.

　　자아 동일시가 역사적으로 가장 큰 영향을 주었던 게 바로 제2차 세계대전 직전의 독일이다. 제1차 세계대전의 패배로 전쟁 책임을 지고 피해국들에게 배상금을 물어야 했던 독일인들의 삶은 피폐해졌다. 그때 '위대한 게르만족의 부흥'을 주장한 히틀러가 등장했다. 젊었을 때 화가가 되고 싶었던 히틀러는 그때까지 정치적 성과를 보여 준 적도 없었고 그의 주장은 상당히 극단적이고 권위적이기까지 했다. 하지만 패배감에 젖어 있던 독일인들에게는 자신들과 다르게 당당하고 위대한 성품의 소유자로 보였다. 추종자들은 위대해 보이는 히틀러의 정체성을 자신의 정체성으로 받아들였고, 히틀러는 그것을 이용해 제2차 세계대전을 일으켰다. 일부 나치 세력은 마키아벨리안적인 특성을 발휘해 히틀러 옆에서 이익을 챙기기도 했지만, 대부분의 독일인들은 생명과 재산과 삶을 송두리째 빼앗기고 말았다.

　　대한민국에서도 독재자를 흠모하며 자기에게 이익이 없는데도 자발적으로 독재자를 옹호하고 다니는 소외 계층이 있다. 아무 이득도 없는데 왜 그러는지 정말 의아하다. 지속적인 세뇌의 영향도 있겠지만, 근본적으로는 자신이 그런 독재자처럼 존재감이 확실한 사람이 되고 싶어서다. 그 욕망으로 인해 자아 동일시가 일어나면서 그런 일이 가능해진다.

직장에서 원하는 대로 분위기를 몰아가며 확실하게 존재감을 뽐내고 싶지만, 권력과 능력이 부족한 사람이라면? 본인이 바라는 이상적인 모습과 실제 모습을 비교하면서 우울해지기 십상이다. 게다가 권력과 능력이 부족하니 주변 사람으로부터 소외되기도 더 쉽다. 그러면 본인의 실제 모습과는 완전히 다른 이상적인 사람을 찾는다. 그런데 앞잡이는 그 많은 사람 중에 하필이면 '나쁜 놈'을 이상적 자아로 정한다.

왜? 좋은 사람은 좋은 사람을 알아본다. 좋은 사람과 친해지려면 자신도 좋은 사람이어야 한다. 그런데 능력이 없는 앞잡이는 좋은 사람이 되려고 노력하기가 싫다. 단번에 상황을 역전시키고 싶다. 회사에서 욕을 먹는 건 자신과 매한가지인데 결과적으로 더 많은 것을 누리는 그 사람, 그 나쁜 놈처럼 되고 싶다. 앞잡이 눈에는 나쁜 놈이 나쁜 놈이 아니다. 자기 길을 확실히 가는 존경할 만한 멘토이다. 그리고 나쁜 놈에게는 자기를 좋아하고 자기와 닮은 이 앞잡이가 무척 반갑다.

앞잡이는 회사에 나가는 게 무척 신난다. 다른 동료들은 그 나쁜 놈 때문에 힘들어 하지만, 앞잡이는 그 나쁜 놈 때문에 회사가 편하다. 나쁜 놈을 위해 나쁜 짓을 해서 그 이익을 다 그 나쁜 놈이 가져가더라도 자신의 이상적 자아를 가진 나쁜 놈과 스스로를 동일시하고 있으니 그게 자신의 이익이라고 생각한다. 다른 사람 눈에는 '군이 저렇게까지' 싶은 일을 앞잡이가 벌이는 것도 이상적인 나라면 '당연히 이렇게까지' 해야 한다고 스스로 생각해서 행동하기 때문이다. 간, 쓸개도 다 빼 줄 것처럼 다른 사람과 자신의 몫까지 탈탈 털어 알아서 이익을 갖다 바치기도 한다. 앞잡이에게 나쁜 놈은 이상 세계를 실현시켜 주는 사이비 종교의 교주와 마찬가지이니.

나쁜 놈의 뒷배를 믿고 앞잡이는 더 날뛴다. 호랑이의 권세를 빌려 여우가 날뛰는 '호가호위'의 상황이 직장 내에서 벌어진다. 마키아벨리안 나쁜 놈의 앞잡이는 알아서 계략을 짜 주고, 사이코패스 앞잡이는 알아서 사람을 통제하기 쉽게 요리해서 대령해 준다. 나르시시스트 앞잡이는 세트로 주거니 받거니 잘난 체를 하려고 난리이고, 사디스트 앞잡이는 고약한 짓을 벌일 아이디어를 쥐어짜 낸다. 당하는 입장에서는 더 센 나쁜 놈이 괴롭히는 것도 힘든데, 앞잡이가 알아서 나서서 더 설쳐 대는 통에 더욱더 고통스럽고 정신이 없다.

앞잡이는 자기가 모시는 나쁜 놈과 딱 짝이 맞는다. 즉 나르시시스트 성향이 있는 앞잡이는 나르시시스트 나쁜 놈과 죽이 맞지, 마키아벨리안 나쁜 놈과는 죽이 맞지 않는다. 여러분의 경험을 떠올려 보시기를. 나쁜 놈들도 자기와 성향이 다른 나쁜 놈을 비판하지 않는가?

앞잡이가 앞잡이 노릇을 할 수 있는 건 기본적으로 어둠의 사총사 성향이 어느 정도 있기 때문이다. 하지만 뒷배가 되어 줄 그 나쁜 놈이 없었다면 나쁜 놈으로 우뚝 서기보다는 그냥 도태 되었을 정도의 인물이다. 나쁜 놈 원흉이 없어지면 앞잡이의 힘이 쭉 빠지는 것도 바로 현실적 자아가 아니라 이상적 자아를 흉내 내기에 지나지 않았기 때문이다. 그래서 앞잡이는 원흉인 나쁜 놈에 해당하는 대응법으로 퇴치해야 한다. 진짜 나쁜 놈을 상대하기 전에 연습 상대처럼 이 책에서 나온 대응법을 활용해 보도록 하자.

이외에도 단품형 나쁜 놈들이 더 있지만, 제1부와 제2부의 내용을 잘 살펴보면 충분히 가늠해 볼 수 있는 놈들이다.

예를 들어 **'이번 한 번만 도와 달라 매달리고, 도와주면 생 까는 놈'**은 어떤 놈일까? 이렇게 이익에 울고 웃고, 사람 무시하는 놈은 마키아벨리안이다.

'불필요한 야근·출장을 자청하고 초과 수당을 바라는 놈'도 있다. 이놈 역시 자기 이익을 위해 마치 필요한 일인 척 거짓을 일삼는 마키아벨리안이다.

'직장에서 지나친 노출이나 파격적인 패션을 선보여서 안 본 눈 사고 싶게 만드는 놈'은? 과시욕이 과한 나르시시스트이다.

'안 그래도 바쁜데 무능한 주제에 뭐 도와줄 것 없냐며 귀찮게 하는 놈'은? 자기 능력을 과신하고 인정받으려는 나르시시스트이다.

'사무실에서 소리 지르고 분노를 멋대로 표현하는 놈'은? 직장을 자기 맘껏 활동해도 되는 사냥터로 생각하는 사이코패스이다.

'여러 사람과 함께할 때는 다정하면서도 단 둘이 있을 때면 태도가 완전히 달라지는 놈'은? 사람을 통제하려고 하는 사이코패스다.

'상처를 주고 휙 지나가는 게 아니라 상대가 동요하는 것까지 확인해야 직성이 풀리는 놈'은? 상대의 고통을 즐기는 사디스트다.

세상에는 어둠의 사총사 성향이 적게, 혹은 좀 더 많이 들어가 각양각색의 나쁜 짓을 벌이는 나쁜 놈이 많다. 하지만 어둠의 사총사 성향과 별로 상관 없이 나쁜, 나쁜 놈도 있다. 그런 나쁜 놈은 제9장에서 살펴보자.

다크 테트라드와 상관없이
그냥 나쁜 놈

세상에는 어둠의 사총사에 속하지 않는 나쁜 놈도 있다. 그래도 나쁜 놈은 어디까지나 나쁜 놈이다! 이런 놈들에게 받는 스트레스도 만만치 않다.

어둠의 사총사와 관련 없는 나쁜 놈은 기본 성향이라기보다는 미성숙한 자아 방어 기제self defence mechanism, 과도한 인지 편향, 심리 장애에 의해서 나쁜 짓을 한다. 그런 나쁜 놈들은 언행일치가 안 되거나, 모든 것을 책임질 것처럼 나서거나, 아예 책임지지 않으려는 등의 나쁜 짓을 벌인다. 왜 그런 나쁜 짓을 벌이는지 이유와 대응법을 하나씩 알아보도록 하자.

언행일치 절대 불가_생각만 진보적인 꼰대

정치적으로는 진보적인데 막상 행동은 보수를 넘어 꼰대처럼 하는 나쁜 놈이 있다. 반대로 정치적으로는 안정과 원칙을 중시하는 보수라면서 행동은 진보를 넘어 완전 자유분방한 나쁜 놈도 있다. 종교적으로는 사랑과 자비, 공영 등이 들어 있는 경전을 줄줄 외울 정도로 충실한데, 막상 행동은 각박하기 이를 데 없는 나쁜 놈도 있다. 이런 나쁜 놈은 기회가 있을 때마다 자기가 얼마나 진보적 혹은 보수적인지, 얼마나 종교적인지를 강조한다. 모두 **언행일치는 절대 불가한 나쁜 놈**들이다.

"내가 ○○당 권리당원이잖아. 그래서 하는 말인데….."

"내가 소싯적에는 ○○에 참여했어. 그래서 잘 아는데….."

"내가 ○○교 ○○라서 하는 말인데….."

자기를 설명할 때 개인적 속성이 아닌 속한 집단의 속성으로 설명하려 한다. 집단적 속성이 바로 자신의 이상과 맞아떨어지니까. 하지만 현실의 자신은 이상의 자신과 큰 차이가 있다. 현실의 이 인간들은 불합리한 일을 강요하고, 얄팍한 짓을 서슴지 않고 벌인다.

사회 심리학자 토리 히긴스Tori Higgins의 '자기 차이 이론'에 따르면 현실의 자신과 이상향 사이의 간극이 크면 사람이 우울해진다. 우울함에서 벗어나려면 현실의 자신을 이상향에 맞추기 위해 노력을 많이 하거나, 이상향을 현실적 자기 수준으로 끌어내려야 한다. 그런데 이 나쁜 놈은 노력도 하기 싫고, 이상향을 바꿀 생각도 없다.

대신에 현실의 자신이 이미 고매한 이상적 자기와 동일한 수준이 된 것처럼 남에게 끊임없이 강조한다. 이는 남을 세뇌시키기 위해서이기도 하지만 자기 자신을 속이기 위해서이기도 하다.

"이런 것을 알고 있는 나는 진짜 진보야."

이런 식으로 자신을 속이면 우울에서 벗어나고, 긍정적인 자기 평가를 통해 맘이 편해질 수 있다. 이 나쁜 놈이 맘 놓고 벌이는 짓 때문에 주변 사람은 맘 편히 살 수 없지만.

다른 사람들은 이 나쁜 놈의 말만 듣는 게 아니다. 행동까지 본다. 그래서 말로만 진보라고 하는, 실상은 꼰대인 것을 깨닫게 된다. 하지만 당사자는 절대 그런 깨달음이 없다. '자기 객관화'가 안 되어 있으니까.

자기 객관화는 주관적으로 자기를 평가하는 게 아니라, 마치 남이 나를 보듯이 스스로를 객관적으로 보는 능력을 말한다. 자기 객관화를 하지 않으면 남들의 객관적인 평가와 나의 주관적 평가 사이에 큰 차이가 난다. 이 둘 간에 차이가 나면 이 나쁜 놈은 '나를 잘 몰라서 생기는 오해'라고 주장한다. 사실은 다른 사람들이 나를 더 정확하게 파악한 것인데도.

정치적 성향과 종교를 강조하는 인간만 그런 게 아니다. 직장 후배를 힘들게 하면서 자기 딴에는 멘토로서 제 역할을 잘 수행하고 있다고 여기는 놈도 자기 객관화가 안 되어 있어 그런 거다.

"나랑 일하면 힘들 거야. 하지만 얻는 건 분명히 있어."

얻는 게 전혀 없지는 않다. 스트레스와 인내심은 확실히 얻는다. 일하면서 자잘한 경험과 기술을 얻기도 한다. 하지만 그건 체계적인 멘토링과는 다르다.

여기서 잠깐. 어둠의 사총사 중 자기 객관화가 가장 안 되는 놈은 누굴까? 바로 나르시시스트이다. 자기 객관화가 안 되어 있어서 실제보다 자신이 더 잘났다고 '진심으로' 믿는 거다.

자기를 진보라고 주장하며 꼰대 짓 하는 나쁜 놈 중에 나르시시스트가 있을 수도 있다. 하지만 전부 나르시시스트인 것은 아니다. 자기를 진보라고 주장하며 꼰대 짓 할 때는 자신이 세상의 중심이라는 생각이 없어도 된다. 그저 실제 자신이 이상적 자신에 맞아떨어진다고만 생각하면 된다. 최대한 양보하더라도 약간의 나르시시즘 수준에서 멈춘다.

이 나쁜 놈은 자기 객관화가 문제 해결의 핵심이다. 그런데 심리 치료에서도 상담사가 피상담자에게 자신의 진짜 모습, 진짜 문제를 직면하게 만드는 건 힘들다. 자신을 방어하려는 무의식적인 노력, 즉 자아 방어 기제 때문이다. 자아 방어 기제를 발동시키지 않고 자기 객관화를 시키려면 이 나쁜 놈이 지레 겁먹고 보호막을 치지 않게 만들어야 한다. 즉 나쁜 놈만 타깃으로 자기 객관화를 시키면 안 된다.

이런 방법을 써 보자.

첫째, 일종의 롤링 페이퍼처럼 각자에게 하고 싶은 말을 적을

9장 다크 테트라드와 상관없이 그냥 나쁜 놈

때 자기 객관화의 요소를 넣는 것도 방법이다. 하지만 이것은 거기에 적힌 글을 보고 "아, 내게 이런 면이 있구나." 하면서 뜨끔해할 일반인에게나 더 적합한 방법이다. 이 나쁜 놈은 "나를 오해하고 있군."이라고 무시하고 넘기거나, 자신이 얼마나 진보적인 사람인지 침을 튀기며 애써 설명할 위험성이 있다.

둘째, 단합 워크샵의 한 코너로 가벼운 심리 게임을 하는 것처럼 각자 다음과 같은 양식을 채우는 시간을 가질 수 있다. 왼쪽과 오른쪽을 가장 많이 채운 사람이 '자기 이해력 챔피언'이 되어 상품을 받는 거다. 그래서 특정 인물이 목표물이라는 인상을 주지 않도록 한다.

자신이 생각하는 본인의 특성	해당 특성이 잘 드러난 행동, 인정받은 사례

나쁜 놈은 위 양식의 왼쪽 부분은 쉽게 채우고, 오른쪽 부분은 쉽게 채우지 못한다. 해당 특성이 있다고 남들에게 인정받은

사례만 적어야 하기 때문이다. 지레 짐작으로 남이 그렇게 생각할 거라고 추측으로 쓰면 안 된다는 지침을 강조해야 한다. 스스로 적으며 머뭇거리게 되면서 자기 객관화가 시작된다.

"웬만하면 나는 손해 보는 사람이야." 하면서 자비와 관용이 자기 특성인 것처럼 말했던 사람도 오른쪽은 잘 채우지 못한다. 채우더라도 같이 양식을 채운 다른 발표자와 비교해 보게 된다. 그러면 자기 답에는 자비와 관용이라고 말하기 민망한 것들만 있으니 부끄러운 마음이 든다. 주관적 평가에 금이 가기 시작하면서 스스로를 다르게 볼 수 있다. 그리고 현실적 자기와 이상적 자기를 일치시키기 위해 노력할 수도 있다. 또는 이상적 자기의 수준을 낮춰서 예전처럼 자기가 그런 특성을 가졌다고 이야기하는 걸 줄일 수도 있다.

나 없으면 이 회사 안 돌아가_회사의 모든 책임을 지고 있는 듯 행동하는 놈

제2부 도입글에서 소개한 것처럼 회사에서 일을 하지 않으려는 놈도 민폐지만, **자기가 회사의 모든 책임을 지고 있는 듯 행동하는 놈도 민폐**다. 낄 데 안 낄 데 다 참견하며 월권행위를 하고, 조직에서 요구하지도 않은 일을 벌이거나, 야근을 자청해서 업무를 깔끔하게 끝내고 퇴근하는 사람의 뒤통수를 따갑게 만드니까.

9장 다크 테트라드와 상관없이 그냥 나쁜 놈

이런 나쁜 놈은 나르시시즘으로는 설명되지 않는다. 자기가 빠지면 회사에 큰일 날 것처럼 생각한다는 면에서는 나르시시스트인 듯하다. 하지만 나르시시스트는 능력 있는 척, 일을 열심히 하는 척하는 놈이지 실제로 일을 열심히 하는 놈이 아니다. 그렇다면 마키아벨리안일까? 남들을 이용하려고 일을 벌이는 것도 아니니 마키아벨리안도 아니다. 진짜로 열심히 한다. 사디스트라서 남들을 괴롭히며 쾌감을 얻는 것도 아니다. 사이코패스도 아니다. 책임감? 죄책감? 이런 감정을 느끼는 건 사이코패스가 아니다. 회사의 모든 책임을 지고 있는 듯 행동하는 나쁜 놈은 부담스러울 정도로 책임감을 갖고 있다.

이 나쁜 놈은 강박 장애obsessive compulsive disorder 환자일 가능성이 더 높다. 강박 장애는 강박적인 사고와 행동이 주요 특징이다. 보도블록의 틈은 절대 밟지 않는다거나, 무슨 일이 있어도 정해진 시간에 특정 공간에서 특정한 행동을 해야 불안하지 않은 사람은 강박 장애를 의심해 봐야 한다.

강박 장애자는 과도한 책임감, 과도한 두려움을 갖고 있다. 그 책임감과 두려움 때문에 삶 전반에 걸쳐 생각, 행동, 상황 등을 강력하게 통제하려고 한다. 파국을 피하기 위해서다. 그게 강박적인 행동으로 나오는 것이다.

회사의 모든 책임을 지고 있는 듯 행동하는 놈은 그렇게 해야만 조직에서 인정받거나 성공할 수 있다는 강박적인 생각에 사로잡혀서 그렇다. 일반 사람은 이해할 수 없겠지만 테이블 모서리에 아슬아슬하게 잔을 놔야만 오히려 마음이 편하다는 사람도 해당 행동으로 불안에서 벗어날 수 있다는 강박 장애가 있어 그러는 거다.

강박 행동은 불안을 줄이기 위해 반복적으로 하는 행동이라 그 패턴이 서로 사뭇 다르다. 청결 강박이 있어 손이 부르트도록 씻는 사람도 있고, 티끌 하나 없이 깔끔하게 청소해야 직성이 풀리는 사람도 있다. 너무 정리되어 있으면 숨이 막힌다며 움직인 흔적을 그대로 둬야 마음이 안정된다는 사람도 있다.

강박 장애자도 자신이 다르다는 것을 안다. 그래서 "왜 너만 그러냐?"고 지적해 봐야 별 소용이 없다. 언제 밀려날지도 모르는 직장에서 버텨 내기 위해 발버둥치는 것일 수도 있으니. 참고로 강박 장애는 스트레스를 받으면 증세가 심해지고 그렇지 않으면 호전된다. 회사에는 스트레스 받을 요소가 많다. 그러니 모든 것에 책임지려는 강박이 있는 사람은 그만큼 힘들다. 그래서 강박 장애에 걸리면 우울증이나 섭식 장애 등의 다른 문제로 이어질 수 있다.

심리학자인 살코프스키스Paul Salkovskis는 강박 장애가 발생하는 세부적인 과정을 '침투적 사고'와 '자동적 사고'로 구분해서 설명한다. 침투적 사고는 의식 속에 우연히 떠오르는 불쾌한 생각이다. 예를 들어 회사의 신생 프로젝트에서 소외되면 커리어가 끝장나고 능력 없다는 평가를 받아 해고당할 수도 있다. 그러면 다른 곳에 취직도 할 수 없게 될 거란 생각이 든다면?

"야, 나 잘리면 갈 데도 없어."

누구나 친구와 술 마시다가 농담처럼 이런 말을 하기도 하지만 강박 장애자는 농담처럼 넘길 수 없다. 과도하게 받아들여서 이런 생각을 할 때마다 불안해진다. 더 책임감을 갖고 문제를 해결해야겠다고 생각한다. 이게 바로 자동적 사고다.

마음이 불안하니까 불안을 유발하는 침투적 사고를 억제하려고도 한다. 그런데 '코끼리를 생각하지 마'라고 하면 오히려 '코끼리'가 생각나는 사고 억제의 역설적 효과로, 부정적인 생각은 더 잘 나게 마련이다. 그래서 더 불안해지고, 불안을 줄이려 자신이 상상했던 끔찍한 결과에 반대되는 행동을 한다. 어느 곳에서도 소외되지 않게, 모든 것에 관여하며 책임지려고 한다.

강박 장애자가 직장 동료라면 여러분이 해 줄 수 있는 건 별로 없다. 심리 전문가를 만나게 해서 노출 및 반응방지법ERP: exposure and response prevention과 같은 행동치료법으로 불안에 둔감해지도록 다소 도울 수는 있다.

허무한 말이지만, 이 나쁜 놈은 정말 나쁜 놈이라기보다는 치료가 필요한 불쌍한 놈, 아니 직장이 아니라 병원에 있어야 하는 환자이다. 그 사실을 이해하면 그의 행동이 다르게 보일 것이고, 여러분이 해야 하는 대응 태도도 바뀌고, 스트레스도 조금은 누그러질 것이다.

'책임'이 뭐야?_책임지지 않으려는 놈

참, 직장인은 천태만상이다. 일을 과도하게 책임지려는 사람이 있는가 하면 정반대로 **일을 책임지지 않으려는 사람, 아니 나쁜 놈**도 있다.

2019년 8월 2일 취업 포털 잡코리아와 알바몬이 직장인 1013명을 대상으로 실시한 설문 조사에 따르면 '권리는 다 챙기면서 업무나 책임은 다 떠넘기는 책임회피형'이 43.2%로 최악의 동료 1위에 꼽혔다.

권리는 이득이다. 다른 사람에게 업무와 책임을 다 떠넘기며 이득을 잘 챙기는 건 마키아벨리안적 속성이 강해서일 수도 있다. 그런데 직장에서는 일을 딱히 떠넘기려 한다기보다 적극적으로 맡지 않으려 하는 경우도 있다. 물론 적극적으로 일을 맡지 않는 건 결과적으로 남에게 업무를 떠넘기는 것이다. 하지만, 어디까지나 자기가 일을 맡지 않아 궁극적으로 책임을 지지 않으려는 목적이 더 큰 나쁜 놈도 있다. 타인을 이용해서 자기가 더 쉬거나 더 이익을 취하려는 마키아벨리안과는 사뭇 다르다.

일을 통해 남을 공격하거나 이용하려는 게 아니라, 직장을 다니면서도 일로부터 자기를 방어하려고 하는 나쁜 놈은 왜 생기는 것일까?

성숙한 직장인이라면 조직의 구성원으로서 권리와 의무가 있음을 안다. 사안에 따라 커리어를 위해 일할 권리를 행사하기도 하고, 하기 싫지만 의무에 따르기도 한다. 그에 따른 보상을 당당히 요구하기도 하고, 자신이 잘한 일로 팀 전체에 보상이 배분되는 것을 감내하기도 한다.

그런데 미성숙한 직장인은 이런 권리와 의무에 대한 생각이 없다. 자기와 팀이 보상을 받는 것은 좋아한다. 하지만 그 보상에 걸맞은 일을 하는 데에는 소극적이다. 이유는 미성숙한 자아 방어 기제 때문이다.

인간은 누구나 두려움, 불안, 위기 상황 앞에서 자아를 보호하는 자아 방어 전략을 갖고 있다. 그런데 자아 방어 전략에는 성숙한 긍정적인 전략이 있고, 미성숙한 부정적인 전략이 있다. 일에 방어적인 태도로 일관하는 나쁜 놈은 미성숙한 자아 방어 전략을 쓰는 것이다.

첫째, 부인denial**이다.** 자신의 능력, 자신에게 부여된 업무를 부인하는 것이다.

"저 그거 못해요."

"그건 제 업무가 아니에요."

자기에게 부여된 일을 해냄으로써 인정받을 수도 있고, 비판받을 수도 있다. 두 가지 가능성 모두 열려 있다. 그런데 미성숙한 사람은 자기 능력에 대한 자신감이 없다. 자신의 무능이 드러날까 걱정한다. 그러니 실패하여 본인의 무능이 객관적인 사실로 드러나기 전에 발을 빼려고 한다. 그때 쓰는 방법이 '부인'이다.

스스로 무능해서 어떤 일을 못한다고 하는 게 이미 부정적인 것 아닌가, 하는 의문이 들 수 있다. 하지만 스스로 무능하다고 주장하는 것과 실제로 무능함이 만천하에 드러나서 남들 입에 오르내리는 것은 큰 차이가 있다. 누군가가 "저 능력 없으니 기대하지 마세요."라고 본인이 말하는 것과 남들이 "저 사람 능력 없으니 기대하지 마세요."라고 하는 것은 받아들이는 데 매우 큰 차이가 있다.

이 나쁜 놈은 자기를 보호하기 위해 부인 전략을 쓰는 것이다. 성숙한 사람이라면 깨지더라도 더 성장할 수 있는 길을 택하겠지만.

둘째, 회피avoidance**이다.** 일이 주어질 상황 자체를 피하려고 한다. 병가, 휴가, 출장, 연수 등을 활용해서 심리적 부담이 되는 일을 피하는 것이다. 실제로 병가를 내지 않더라도 병을 핑계로 업무에서 빠지려고 거짓말하기도 한다. 이런 면을 보면 마키아벨리안처럼 보이지만, 미성숙한 방어 기제를 쓰는 인간은 이득보다는 손실을 더 많이 따져 본다는 면에서 차이가 있다.

회피를 잘하는 이 인간은 일해야 할 때만 되면 자리에 없기도 하다. 적극적으로 나서지 않아 존재감은 없어도 생명체로서의 기운은 미약하게 느끼도록 투명인간처럼 있어 주시다가, 일을 해야 할 땐 눈에 보이지 않게 외근, 휴게실, 개인적 사정 등의 이유로 아예 사라져 버린다.

투명인간형 직장인 중에는 미성숙한 방어 기제를 가진 인간만 있는 게 아니다. 회삿돈을 받으며 또 다른 사이드 프로젝트를 하느라 교묘하게 자리에 없는 경우도 있다. 직장인이라는 사회적 자아가 아예 없거나 아주 적고, 개인적 자아로 회사를 다니고 있어 회사 업무보다는 개인적 일을 우선시한다. 예를 들어 집안 대소사 혹은 동창회 일을 챙기느라 자리를 비울 수도 있다. 자리를 비우는 이유는 실로 다양하다.

하지만 부인과 회피의 방어 기제를 쓰고, 능력에 대한 자신감도 없는 모습을 많이 보인다면 마키아벨리안과는 다른 미성숙한 나쁜 놈인 거다. 미성숙한 자아 방어 기제를 쓰는 나쁜 놈은 어린아이처럼 애교, 아양으로 문제를 무마하려고 한다. 그러다가 자기의 노력이 인정받지 못하면 차별이나 부당함을 운운하며 돌변한다. 어른의 관심과 인정을 구하던 아이가 원하던 것을 얻지 못하면 토라져서 태도를 확 바꾸는 것처럼.

의존적 태도로 끊임없이 질문을 하는 것도 책임을 지지 않으려는 미성숙한 태도에서 나온다. 중요한 업무 사항뿐만 아니라 회의실에 문서를 어떻게 놓고 어떤 집기를 사용해서 묶는지 등등 사소한 것까지 물어보는 것은 상대의 판단을 존중해서도 아니고 괴롭히려는 것도 아니고 그저 책임을 지지 않으려는 것이다. 성숙한 사람은 실수할 수 있다는 걸 알고 책임질 위험을 감내하면서 자기 역할을 하려고 하지만, 미성숙한 사람은 책임을 지지 않으려고 조그마한 위험도 피하려 한다.

명확한 성과 지표와 다면 평가가 있는 회사의 경우 이런 미성숙한 나쁜 놈이 잘 걸러지는 편이다. 좋은 사내 정치로 미성숙한 나쁜 놈에 대한 공감대만 형성해 놓으면 공식적인 인사 절차를 통해 미성숙한 나쁜 놈에게 경고가 가거나, 이동될 것이다.

하지만 그런 인사 평가 체계가 없는 회사, 혹은 전체적 분위기가 고용 안정을 강조하는 곳이거나 기껏해야 다른 부서 혹은 유관 기관으로 발령하는 관행이 있는 곳이라면? 미성숙한 나쁜 놈은 굳이 성장할 필요를 느끼지 않는다. 이 경우에는 미성숙한 나쁜 놈을 다른 곳으로 추천하거나 본인이 부서 이동을 하는 방법밖에 없다. 혹은 그가 회피하거나 부인한 업무가 자신에게 배분되지 않도록 방어하는 수밖에 없다.

에헤라 축제다, 일을 벌여라!_책임지지 못할 일을 막 벌이는 놈

모든 일에 책임을 지는 것도 일을 피하려는 것도 아니고, 그저 **책임지지 못할 일을 막 벌여서 민폐를 끼치는 나쁜 놈**도 있다.

심리학에서 이런 나쁜 놈에 딱 들어맞는 이론이 있다. 더닝 크루거 효과Dunning Kruger effect! 더닝 크루거 효과는 실력이 부족한 사람일수록 자신을 과대평가해서 자신 있게 과제 해결에 달려들고, 실력이 좋은 사람은 오히려 스스로를 과소평가해서 소극적으로 접근하는 현상이다. '하룻강아지 범 무서운 줄 모른다', '빈 수레가 요란하다', '무식하면 용감하다'라는 말처럼 책임지지 못할 일도 큰소리치고 달려든다. 참고로 이 효과의 명칭은 처음 이론을 확립한 사회 심리학 교수 데이비드 더닝David Dunning과 대학원생 저스틴 크루거Justin Kruger의 이름에서 따 왔다.

책임지지 못할 일을 막 벌이는 놈은 그 일을 잘 모른다. 그런데 잘 모른다는 것도 모른다. 자기 실력을 객관적으로 평가할 능력마저 부족해서 자신이 어떤 실수를 저지르고 있는지도 깨닫지 못한다. 단지 자기가 잘할 수 있다는 생각으로 일을 밀어붙일 뿐이다.

그 분야의 전문가라면 경험도 많고 통찰력도 좋아서 자기보다 실력을 갖춘 사람이 누구인지도 알고, 자신이 어떤 부분이 부족하며 얼마나 더 노력해야 하는지도 안다. 자기가 책임질 수 있는 일과 그렇지 않은 일을 잘 구별한다. 또한 전문가는 수준 높은 사람들과 상향 비교를 해서 겸손하다. 그러나 나쁜 놈은 자기가 막 알게 된 것을 다른 사람들은 모를 것이라 생각하며 하향 비교해서 오히려 자신만만해한다.

사회 초년생이나 다른 분야에서 이직해 온 경력 사원이 자기 능력을 보여 준다며 기존 가치와 질서 등을 다 무시하고 사업을 기획하거나, 자기 기준으로 상사를 평가하며 함부로 대하고, 대안을 쉽게 내놓으며 자신만만해하는 것도 더닝 크루거 효과의 사례이다.

이런 나쁜 놈은 실제 능력이 있는 게 아니다. 그 막연한 자신감의 근거가 무엇인지 확인해야 한다. 계속 따져 물으면 이렇게 말할 수도 있다.

"내 직관이 이게 맞다고 하니까 맞는 거야!"

근거가 없으니 이렇게 말하는 것이다.

직장인 중에서는 궁예처럼 정확한 근거 없이 관심법 수준에서 멋대로 추측하고 '뇌피셜(신조어. 뇌와 오피셜의 합성어. 자기 머리에서 나온 생각을 객관적이고 검증된 것처럼 말함)'을 남발하며 민폐를 끼치는 놈이 있다. 이런 나쁜 놈은 자기의 직관에 대해 아주 자신만만하다. 왜냐하면 본인의 통찰력이 남들보다 훨씬 뛰어나다는 명백한 증거가 있다고 생각하니까. '자기'에 대해서 생활 패턴과 심리 역동 등 세세한 부분까지 가장 잘 알고 있는 사람은 당연히 자기 자신이다. 하지만 나쁜 놈들은 '자신의 통찰력이 남달라서' 자기 자신에 대해서 더 잘 알고 있다고 착각한다. 남들이 미처 파악하지 못한 자기 자신의 우수한 면모까지 매우 잘 파악하고 있다고 말이다. 이것을 심리학에서는 '비대칭적 통찰 착각'이라고 한다.

미국 스탠퍼드 대학교Stanford University 심리학과의 에밀리 프로닌Emily Pronin 교수 등은 2001년 실험에 참가한 대학생들에게 자신과 룸메이트를 비교해 누가 더 통찰력이 좋은지를 평가해 달라고 했다. 실험에 참가한 학생들은 자기가 룸메이트보다 더 통찰력이 좋다고 답했다. 여기서 재미있는 것은 그 룸메이트도 자신이 더 통찰력 있다고 생각했다는 것이다.

누구나 자기 자신에 대해서 더 많은 것을 알고 있다. 자기가 경험하고 생각하는 것들이니까 당연하다. 생활을 함께하는 룸메이트조차도 당사자만큼 많이 알 수는 없다. 이 점을 간과하고 룸메이트는 통찰력이 적어서 동료인 자기를 잘 파악하지 못하지만, 자신은 통찰력이 좋아서 스스로를 잘 파악하고 있다고 착각한다. 통찰력이 좋은 자신이 남을 보면? 당연히 확 꿰뚫어 볼 수 있다. 심지어 그 당사자보다도 더 잘 파악할 수 있다고 자신한다.

"그 애는 자기가 그런 줄 절대 모를 거야." 이러면서. 자, 통찰력이 남다르게 좋은 자신이 사업을 기획하면? 남들이 보지 못하는 면까지 다 꿰뚫어 보고 최적의 답을 찾을 거라고 믿는다. 그래서 남들이 보기에는 책임지지 못할 일을 벌이는 것 같지만 자기 딴에는 자기 통찰력으로 다 제어할 수 있을 것 같다.

비대칭적 통찰 착각에 빠지면 다른 사람의 조언도 잘 듣지 않는다. 잘 알지도 못하면서 내뱉는 말이라 여겨 버린다.

"너는 잘 모르겠지만, 사실 그런 게 있어."

당당하게 이런 식으로 이야기한다.

비대칭적 통찰 착각과 더닝 크루거 효과가 합쳐지면 무책임하게 일을 벌이고, 주변 조언을 무시하는 나쁜 놈이 만들어진다. 무서운 것은 비대칭적 통찰 착각과 더닝 크루거 효과가 기본적인 인지 편향이어서 누구나 빠질 수 있다는 사실이다. 그러니 어떤 일, 어떤 사람을 많이 알고 있다고 확신이 드는 순간, 오히려 더 조심해야 한다.

여하튼 이런 심리 함정에 빠져 일을 무책임하게 벌이는 나쁜 놈은 조언도 잘 듣지 않을 테니 신경 쓰지 말자. 여러분을 억지로 그 일에 참여시키려 하면 최대한 멀어지려 노력하자.

반성, 응원, 다짐

나쁜 놈들은 건강한 직장, 나아가 건강한 사회를 위해 없어져야 하는 바이러스와 같다. 이 글을 쓰기 위해 많은 자료와 사례를 접하며 깨달은 게 있다. 나 역시 직장과 사회에 적응한다면서 바이러스에 감염된 적이 있었음을. 그리고 앞으로 더 강한 변이에 감염될 수도 있음을. 그래서 정신을 더 바짝 차려 반성과 다짐을 동시에 하며 글을 썼다.

아울러 이 책의 독자 역시 나쁜 놈의 정체를 알아채고 더 이상 쉽게 당하지 않는 지혜를 갖는 한편, 자신 역시 나쁜 놈이 되지 않기 위해 노력해야 함을 느낄 수 있기를 바라는 마음으로 글을 썼다.

'설마 내가 나쁜 놈이 되겠어? 난 태생적으로 그런 놈들과는 달라.'

이렇게 생각할 수도 있다. 하지만 인간의 정체성과 현대 사회의 본질을 고려하면 주변뿐만 아니라 내 안에서 만들어지는 나쁜 놈과 가까이 하지 않는 노력이 필요하다.

영국 사회학자 지그문트 바우만Zygmunt Bauman에 따르면 현대
는 가치나 정체성 등이 확고하게 안정된 시대가 아니다. 그래서
바우만은 현대를 외부 변화에 따라 급변하는 물처럼 '유동적 현
대liquid modernity'라고 표현했다. 유동적 현대에서는 개인의 정체성
도 흔들린다. 이 책에 빗대어 말하자면 한 사람이 나쁜 놈과 좋은
놈, 즐거운 놈과 우울한 놈의 경계를 넘나든다. 그런데 특정 영역
안에서 더 많이 머물 위험이 있기는 하다. 바로 나쁜 놈과 우울한
놈의 영역.

벨기에 정신분석학자 파울 페르하에허Paul Verhaeghe의 저서
『우리는 어떻게 괴물이 되어가는가』를 보면 신자유주의 시대에
는 나쁜 놈 성향이 더 강해질 수밖에 없는 위험에 노출되어 있다
고 한다. 현대 소비 중심의 사회에서는 마케팅이 사회를 이끈다.
마케팅에서 나르시시즘은 '자존감'으로, 사이코패시는 '냉철함'으
로, 마키아벨리즘은 '능숙한 처세술'로, 사디즘은 '독특한 취향'으
로 포장된다. 나쁜 놈에게 관대하고, 나쁜 놈이 인정받는 존재로
포장되는 사회에서 나쁜 놈이 득세하는 것은 당연하다. 그럴수록
일반인의 직장생활은 힘들어진다.

회식 때 노래방에서 실수인 척 노래 취소 버튼을 누르거나,
음료에 침을 뱉어 전달하거나, 시원하게 뒷담화하는 정도로는 전
혀 시원해지지 않을 정도로 나쁜 놈들이 너무 많다. 멀리서 가끔
지켜보는 것도 스트레스인데, 그런 나쁜 놈들이 여러분과 매우

가까이에 있다는 게 더 큰 문제다.

　나쁜 놈들에게는 여러분과 같이 어떻게든 정신 차리고 경력 개발을 하려는 사람이 눈엣가시이다. 그래서 여러분을 마치 회사의 걸림돌처럼 취급한다. 자기 잘못이 아니라, 여러분의 잘못인 듯 말하고 행동하는 모습을 보면 '적반하장도 유분수'라는 말조차도 모자란, 기가 막히는 상황이다.

　스트레스가 너무 심해 잠을 자도 머릿속에 계속 뭐가 돌아가는 느낌이고, 깨어 있을 때에도 머릿속에 뭔가 꽉 끼어 잘 돌아가지 않는 것 같다. 나쁜 놈이 말한 것처럼 이러다 정말 문제 있는 직장인이 될 것 같다. 주변에 도움을 청해서라도 문제를 해결하고 싶다.

　그런데 나쁜 놈의 위세가 너무 강해서 다른 사람들도 본인이 목표물이 될까 두려워 도와주지 않을 수 있다. 그러면 직장생활 뿐 아니라 삶 자체에 회의가 들기 시작한다. 점심시간에 혼자서 밥을 먹거나 아예 먹지 않고 운동을 해 보지만 도저히 활력을 얻을 수 없다.

　'이렇게까지 하면서 살아야 하나?'

　이런 생각이 들 수도 있다. 그래도 고민할수록 '이렇게라도 해야 어쨌든 살아남을 수 있다'는 결론에 도달해 어떻게든 버티려 한다.

　그러나 그 상태 그대로는 몸과 마음이 엉망이 되어 갈 뿐이라는 사실을 몇 개월 지나지 않아 깨닫는다. 그러면서 감정이 롤

러코스터를 탄다. 나쁜 놈에 대한 증오가 치밀어 오르다가, 직장 내 다른 사람도 많은데 왜 하필 나인가 억울하기도 하다가, 문제를 저지르는 건 나쁜 놈인데 왜 내가 문제를 해결해야 하나, 하며 분노를 느끼기도 한다. 다른 한편으로는 내가 좀 더 잘했다면 상황이 달라지지 않았을까 하는 자책감이 들기도 하고, 감옥에 갈 정도로 끔찍한 복수를 상상하는 스스로를 보며 괴로워하기도 한다. 주변에서는 우울증과 번아웃을 걱정하면서 휴식을 권하지만 자신감이 없어진 상태에서는 이조차 쉽게 결정 내리기 힘들다.

회사를 가기도 싫고, 회사를 떠나는 것도 두렵다. 처음에는 나쁜 놈의 문제였지만, 어느덧 나 자신의 문제가 되고 만다. 그렇게 시간이 가다가 무거운 마음으로 자의든 타의든 직장을 떠나게 된다. 떠나야 할 나쁜 놈은 남고.

상상만 해도 참 두렵고 안타깝다.

그러나 더 이상은 그러지 말자!

이제는 나쁜 놈의 문제가 여러분의 문제가 되기 전에 막을 수 있다!

여러분은 나쁜 놈들의 패턴을 알고 있으니 두려워하지 말자!

두려움은 예측 불가능한 상태에서 나온다. 밀폐된 상자 안에 손을 넣는 게 두려운 이유는 그 안에 무엇이 있는지 예측 불가능하기 때문이다. 이제는 예측할 수 있으니 두려움을 잠재우시기를. 그러면 마음이 더 안정된다. 나쁜 놈이 여러분을 도발할 때 여러분이 안정된 마음을 갖고 있다는 건 예상 시나리오에 없었다. 즉 여러분의 안정적인 반응에 나쁜 놈들이 당황할 것이다. 자기의 도발이 먹히지 않으니 다른 대상을 찾게 된다.

거기에서 끝내지 말자. 나쁜 놈이 계속 여러분 직장에서 기생하면 스트레스를 받을 가능성은 언제나 있으니. 부디 이 책에 있는 내용을 주변 사람과 나누기를 권한다. 두려움을 벗어던지고 직장 동료와 함께 대응하기 위해서이다.

연대할수록 힘은 더 세지고, 전략도 더 효과를 거둔다. 그런 여러분을 보면서 나쁜 놈들의 공격 의지도 꺾이게 된다. 꾸준히 연대를 이어 가면 나쁜 놈이 직장에서 다른 먹잇감을 찾는 게 아니라 아예 다른 직장을 찾아 떠나거나, 혹여 나쁜 놈이 남아 있어도 여러 사람들과 함께하는 즐거움으로 직장에 가고 싶은 날이 올 수도 있다. 공동의 적으로 인해 생긴 팀워크가 주는 재미도 있으니.

나쁜 놈이 파 놓은 덫을 모두 다 피할 수 없는 경우도 있다. 그래도 손해를 최소화하는 방법을 찾아보자. 여러분이 방어 전략을 잘 펼치면 나쁜 놈 스스로 자기가 파 놓은 구덩이에 빠지게 할 수도 있다. 그들의 행동을 예측할 수 있으니까.

그들의 행동뿐만이 아니다. 이 책을 통해 여러분의 행동도 예측할 수 있다. 자기 안의 나쁜 놈 요소를 방치했을 때 그게 더 강해지면서 혹은 다른 요소와 결합하면서 어떤 나쁜 놈이 되어 어떤 행동을 할 수 있는지도 예측할 수 있다. 예측할 수 있는 문제는 미리 피하거나 미리 해결하는 게 가장 좋다. 이 책을 통해 주변의 나쁜 놈들에게서 멀어지고, 여러분 자신이 될 수도 있는 나쁜 놈과도 결별하고, 좋은 사람으로, 좋은 삶을 살면서 좋은 사람끼리 연대할 수 있기를 진심으로 응원한다. 그 응원의 마음으로 시작부터 '악의 삼총사와 관련된 더러운 12항목The Dark Triad Dirty Dozen, DTDD' 검사를 했다. 또한 여러 사례와 지식을 소개하면서 안팎으로 나쁜 놈에게서 멀어지는 삶을 응원하는 마음을 전달하려고 최선을 다했다.

끝으로 이 책에서 줄곧 독자를 '당신'이 아니라 '여러분'이라고 표현했던 이유를 밝히고 싶다. 여러분은 혼자가 아니다. 혼자라고 생각하면 더 쉽게 나쁜 놈의 먹잇감이 된다.

책이 딱 한 권만 팔리더라도, 저자와 여러분 최소 두 명이 나쁜 놈에 대항하려는 의지를 갖고 있는 셈이다. 아니, 이 책을 함께 만든 사계절출판사 교양실용팀, 여러 가지 사례를 나누어 준 직장인들도 있으니 이미 수십 명이 의지를 갖고 있다. 이 사실을 알아줬으면 한다.

세상에는 나쁜 놈을 싫어하는 사람이 많다. 그리고 나름의 노하우를 갖고 있는 사람도 많다. 그들과 연대하면 고대하던 성대한 삶을 함께 누리게 될 것이다. 그 길을 함께 가고 싶어 이 책을 썼고 앞으로도 여러분과 함께할 다양한 방법을 찾을 것을 다짐한다.

2021년 봄
이남석

작가의 말_반성, 응원, 다짐

너 때문에 내일 회사 가기 싫어!

2021년 4월 12일 1판 1쇄

지은이 이남석

편집 최일주, 이혜정, 김인혜 **디자인** 김효진
제작 박흥기 **마케팅** 이병규, 양현범, 이장열 **홍보** 조민희, 강효원
인쇄 천일문화사 **제책** J&D 바인텍

펴낸이 강맑실 **펴낸곳** (주)사계절출판사
등록 제406-2003-034호 **주소** (우)10881 경기도 파주시 회동길 252
전화 031)955-8588, 8558 **전송** 마케팅부 031)955-8595 편집부 031)955-8596
홈페이지 www.sakyejul.net **전자우편** skj@sakyejul.com
블로그 skjmail.blog.me **페이스북** facebook.com/sakyejul
트위터 twitter.com/sakyejul **인스타그램** instagram.com/sakyejul

ⓒ 이남석, 2021

ISBN 979-11-6094-717-5 03180